Les cent dates les plus marquantes de la Seconde Guerre mondiale

Alice Tillier

1er septembre 1939
L'invasion de la Pologne

EUROPE / VIE MILITAIRE

HITLER DÉCIDE DE FAIRE VALOIR PAR LA FORCE SES RÉCLAMATIONS SUR LE TERRITOIRE POLONAIS.

Le 1er septembre 1939, à l'aube, l'armée allemande se rue sur la Pologne, sans déclaration de guerre préalable : les Polonais auraient attaqué les premiers, dans la nuit, à la frontière allemande. Pour toute attaque, il n'y a eu en réalité qu'une mise en scène : des cadavres de détenus habillés d'uniformes polonais !

LA PRÉPARATION DE LA GUERRE

Hitler a assuré ses arrières : il a signé le 23 août avec l'URSS un pacte de non-agression. Même si les Français et les Anglais lui déclarent la guerre, il aura au moins les mains libres du côté Est…

BLITZKRIEG, CHARS ET AVIATION

2 000 blindés franchissent la frontière polonaise. Plus de 1 000 avions clouent l'aviation polonaise au sol, et détruisent ponts et gares, empêchant les troupes de rejoindre le front. Le gros des troupes passe au Nord et au Sud, mal défendus par les Polonais qui comptent sur les marais et les crêtes pour arrêter les Allemands. L'armée polonaise est prise en tenaille. Dès le 14 septembre, les Allemands sont aux portes de Varsovie.
La stratégie allemande de la Blitzkrieg – la guerre-éclair –, mise en œuvre pour la première fois, vient de faire ses preuves.

Le découpage des frontières germano-polonaises, établi à la fin de la Première Guerre mondiale, portait en germe le conflit de 1939 : le territoire allemand était coupé en deux par le « corridor de Dantzig » destiné à donner aux Polonais un accès à la mer.

3 septembre 1939
La déclaration de guerre à l'Allemagne

Europe / Vie militaire

En réaction à l'invasion de la Pologne, la France et la Grande-Bretagne déclarent la guerre à l'Allemagne.

Pour éviter la guerre, les Anglais et les Français avaient multiplié les reculades : après avoir laissé l'Allemagne annexer l'Autriche, ils avaient, à la conférence de Munich en septembre 1938, abandonné leur allié tchécoslovaque, amputé de la région des Sudètes.
Après avoir laissé Hitler occuper Prague le 15 mars 1939, les Alliés décident de mettre le holà à la politique d'expansion allemande : ils garantissent les frontières des pays menacés par le IIIe Reich – la Pologne, mais aussi la Roumanie, les Pays-Bas et la Belgique.

Les revendications sur la Pologne

La pression monte d'un cran, quand, le 28 août, Hitler réclame le retour à l'Allemagne de territoires attribués à la Pologne en 1919, notamment le corridor de Dantzig. La Pologne décrète alors la mobilisation générale.

L'engrenage

Mussolini a beau proposer, *in extremis*, le 31 août, la tenue d'une conférence, Hitler lance l'attaque le 1er septembre. Devant l'absence de réponse à leur ultimatum exigeant le retrait immédiat de la Pologne, la France et la Grande-Bretagne déclarent la guerre à l'Allemagne le 3 septembre.

Dès le 2 septembre, la France a décrété « la Patrie en danger » et lancé la mobilisation générale. Plus de 4,7 millions d'hommes sont appelés sous les drapeaux. 40 % d'entre eux ont combattu en 1914-1918.

3 septembre 1939
Le début de la bataille de l'Atlantique

ATLANTIQUE / VIE MILITAIRE

ENJEU ESSENTIEL DE LA GUERRE : LE CONTRÔLE DES MERS ET NOTAMMENT DE L'ATLANTIQUE NORD QUI RELIE LES ÉTATS-UNIS À L'EUROPE.

Le 3 septembre 1939, le navire britannique *SS Athenia*, qui a quitté Liverpool à destination de Montréal, avec, à son bord, plus de 1 100 passagers, est torpillé par un U-Boat allemand, au nord-ouest de l'Irlande.

UNE GUERRE SOUS-MARINE

C'est le coup d'envoi de ce que Churchill appela « la bataille de l'Atlantique », une lutte acharnée pour le contrôle des mers, principalement dans l'Atlantique nord, où l'arme sous-marine a joué un rôle essentiel. C'est là une différence majeure avec la Première Guerre mondiale qui avait vu s'affronter essentiellement des navires de surface.

ASPHYXIER L'ENNEMI

Le contrôle des mers est essentiel dans la guerre totale qui se met en place. Dès septembre 1939, les Français et les Britanniques cherchent à asphyxier l'Allemagne en instaurant un blocus. L'Allemagne utilise la même stratégie pour tenter de mettre l'Angleterre à genoux, une fois la France défaite. Il s'agira aussi pour elle d'empêcher les approvisionnements venus des États-Unis et l'acheminement des troupes américaines vers l'Europe, pour le débarquement.

Les Allemands mirent l'accent sur la construction de sous-marins. Au cours des six années de guerre, 1150 U-Boots (U-Boats en anglais) seront mis en service. Plus de 800 seront coulés.

7 septembre 1939
L'offensive de la Sarre

EUROPE / VIE MILITAIRE

SEULE OFFENSIVE LANCÉE PAR LES FRANÇAIS EN 1939, LA TIMIDE OPÉRATION DE LA SARRE SE SOLDE PAR UNE RETRAITE DERRIÈRE LA LIGNE MAGINOT.

Le 7 septembre, les Français lancent une offensive dans la région allemande de la Sarre. Il s'agit d'aider la Pologne, alors sous le coup de l'invasion allemande, en attaquant les Allemands à l'Ouest.
L'aide restera tout à fait symbolique. Malgré le peu de résistance manifestée par les Allemands, la pénétration en territoire ennemi est lente : le 12 septembre, les soldats français ne sont qu'à 8 km de la frontière. Et finalement, le 21 septembre, l'ordre de la retraite est donné. Les dernières forces de couverture rentrent en France le 17 octobre.

LA DRÔLE DE GUERRE

Commence alors la « drôle de guerre ». Huit longs mois d'attente, à l'abri de la ligne Maginot le long de la frontière avec l'Allemagne et le Luxembourg. Au nord-ouest, les Ardennes sont considérées comme une barrière naturelle infranchissable.

UNE STRATÉGIE DÉFENSIVE

L'état-major français a fait le choix d'une stratégie purement défensive. Il s'agit de gagner du temps. Le temps que les Alliés renforcent leur armement, que l'Empire se prépare à la guerre et que l'Allemagne s'affaiblisse sous le coup du blocus maritime.

La ligne Maginot, construite à partir de 1928, faite de casemates en béton, de forts enterrés, de fossés et d'obstacles antichars, était la pièce maîtresse de la stratégie militaire française. C'est elle qui a concentré l'essentiel des efforts militaires tout au long des années 1930, au détriment de l'armement.

28 septembre 1939
La Pologne est rayée de la carte

EUROPE / VIE MILITAIRE

APRÈS QUATRE SEMAINES, L'EFFONDREMENT MILITAIRE DE LA POLOGNE EST CONSOMMÉ. L'ALLEMAGNE ET L'URSS PEUVENT SE PARTAGER LE GÂTEAU.

Le 28 septembre 1939, la Pologne est aux mains des Allemands et des Soviétiques. La veille, la ville de Varsovie a capitulé après quinze jours de siège et d'intenses bombardements. Tout l'Est du territoire est occupé par l'Armée rouge, entrée en guerre le 17 septembre. Le gouvernement polonais s'est réfugié en Roumanie.

LE PARTAGE DE LA POLOGNE

Conformément aux protocoles secrets du pacte germano-soviétique du 23 août 1939, la Pologne est partagée en deux. Une partie des territoires de l'Ouest sont purement et simplement annexés au Reich : la Prusse orientale, Poznan, la Haute-Silésie et Dantzig ; le reste – notamment Varsovie, Cracovie et Lublin – devient le Gouvernement général de Pologne. L'Union soviétique annexe toute la partie orientale, notamment les États baltes.

UNE COLLABORATION

Le « traité de délimitation et d'amitié », signé par les deux vainqueurs le 28 septembre, vient entériner le partage. Il établit aussi une collaboration entre la Gestapo et le NKVD pour lutter conjointement contre la Résistance polonaise.

Si la Pologne est rayée de la carte, elle n'a pas pour autant cessé d'exister : le gouvernement polonais en exil, installé d'abord à Angers, en France, puis à Londres, continue à représenter le peuple polonais et à mener la lutte pendant toute la durée de la guerre.

9 avril 1940
L'occupation du Danemark et de la Norvège

EUROPE / VIE MILITAIRE

L'Allemagne viole la neutralité de ces pays pour assurer son approvisionnement en fer.

La Norvège, officiellement neutre dans le conflit, avait une importance stratégique pour les Allemands : c'est par elle que transitait le fer suédois alimentant leurs usines de guerre. En outre, le contrôle des ports sur la côte occidentale leur ouvrirait l'accès à l'Atlantique. Les Français et les Anglais avaient bien conscience de cet enjeu. Après plusieurs semaines de tergiversations, ils lancent le 8 avril une opération sur le port de Narvik, dans le nord du pays.

La capitulation danoise

Au même moment, le 9 avril, les troupes allemandes envahissent le Danemark et la Norvège. L'opération franco-britannique a trop tardé ! En deux heures, le gouvernement danois, espérant négocier un accord avantageux avec l'Allemagne, signe la capitulation : avant même d'avoir eu le temps d'être déclarée, la guerre est terminée.

La conquête de la Norvège

En Norvège, les huit villes côtières visées par l'opération tombent en 24 heures. Une partie du corps expéditionnaire franco-britannique doit rembarquer précipitamment. L'opération est un fiasco. À la mi-mai, toute la Norvège est passée sous contrôle allemand.

Les Alliés franco-britanniques voulaient initialement profiter de la Norvège pour y faire passer une force de soutien à la Finlande, envahie par l'URSS le 30 novembre. Mais le 12 mars, l'armistice est signé, rendant l'opération inutile.

10 mai 1940
La bataille de France

EUROPE / VIE MILITAIRE

APRÈS HUIT LONGS MOIS D'ATTENTE, LA « DRÔLE DE GUERRE » PREND FIN AVEC LE DÉBUT DE L'OFFENSIVE ALLEMANDE.

C'est le 10 mai, soit 8 mois après le début officiel de la guerre, qu'est lancée l'offensive allemande tant attendue par les Français et les Britanniques retranchés derrière la ligne Maginot…

LA RÉÉDITION DU PLAN SCHLIEFFEN

La stratégie est simple : Hitler fait semblant de reprendre le plan Schlieffen de 1914, en attaquant la Belgique et les Pays-Bas. L'objectif : y attirer le meilleur des troupes franco-britanniques pour pouvoir ensuite les prendre à revers et les encercler. L'essentiel des forces est en réalité concentré ailleurs : sur les Ardennes, massif montagneux considéré comme infranchissable par les Alliés et donc peu défendu.

DES ALLIÉS PRIS AU PIÈGE

Le plan allemand fonctionne à merveille. Le 10 mai, les troupes franco-britanniques se portent au secours des armées belges. Pendant ce temps, une dizaine de divisions blindées traversent le sud de la Belgique et le Luxembourg en une journée à peine. Direction la forêt des Ardennes. Les blindés mettront deux jours à peine à franchir le massif…

Reprenant la stratégie de la Blitzkrieg (« guerre-éclair ») expérimentée en Pologne, l'attaque allemande commence par des bombardements intenses sur les terrains d'aviation mais aussi sur les nœuds ferroviaires et les embranchements routiers jusqu'à 400 km à l'intérieur du territoire français. Les blindés peuvent ensuite attaquer, en ordre groupé.

15 mai 1940
La percée de Sedan

FRANCE / VIE MILITAIRE

L'ARMÉE ALLEMANDE FRANCHIT LA MEUSE À SEDAN, À L'OUEST DE LA LIGNE MAGINOT, ET ENFONCE LE FRONT FRANÇAIS.

Le 11 mai, les unités allemandes qui ont franchi les Ardennes atteignent le front français. Le 13 mai, elles sont à Sedan, à 20 km à l'ouest du dernier fort de la ligne Maginot, bien déterminées à percer les lignes ennemies repliées sur la rive gauche de la Meuse.

LES BOMBARDEMENTS PRÉPARATIFS

Des bombardements intensifs des Stukas allemands permettent aux chars et aux canons allemands d'arriver presque indemnes jusqu'au fleuve. En fin d'après-midi, les premiers fantassins ont franchi la Meuse. Le 15 mai, les défenses franco-britanniques sont définitivement enfoncées.

PANIQUE ET DISPERSION

La brèche créée à Sedan ne sera jamais colmatée. La panique se répand sur le front français – « la panique de Bulson » du nom du village d'où elle est partie. Les Alliés battent en retraite de façon dispersée. Le commandement militaire essaie dans un premier temps de reconstituer un front continu. Face à l'échec de cette stratégie, la consigne est ensuite de tenir sur place et de créer des nœuds de résistance. Les Allemands attendent une vaste contre-offensive qui ne viendra pas.

L'avancée de la Wehrmacht, l'armée allemande, sur le sol français jette sur les routes, au milieu des armées en déroute, plus de 6 millions de Français. Cet exode rend la réorganisation des armées et la mise en place d'une stratégie militaire adaptée encore plus difficiles.

20 mai 1940
L'ouverture du camp d'Auschwitz

Europe / Shoah

Conçu au départ comme un camp de concentration, Auschwitz devient en 1942 un camp d'extermination.

Huit camps de concentration avaient été créés avant la guerre, en Allemagne et en Autriche, pour interner d'abord les opposants politiques puis les juifs, les homosexuels et les Tsiganes. À partir de 1939-1940, les nazis ouvrent des camps dans la Pologne tout juste annexée.

Un camp mixte

Auschwitz et Maïdanek seront des camps mixtes, à la fois camps de concentration et camps d'extermination. Les 30 premiers prisonniers allemands d'Auschwitz arrivent le 20 mai 1940. Le camp est établi dans une ancienne caserne de la banlieue d'Oswiecim.

Les agrandissements successifs

Auschwitz n'a cessé ensuite de s'agrandir : si une chambre à gaz improvisée est installée dans le sous-sol d'Auschwitz I pour tester le Zyklon B le 3 septembre 1941, la construction d'un deuxième camp, entièrement consacré à l'extermination (Auschwitz II-Birkenau), est lancée en octobre 1941. Le troisième camp (Auschwitz III-Monowitz), lui, est ouvert en octobre 1942 : il s'agit de rapprocher la main-d'œuvre des usines installées à proximité, notamment l'usine de caoutchouc synthétique de Buna et le conglomérat chimique IG Farben (producteur du Zyklon B).
À son apogée, Auschwitz comptera jusqu'à 100000 détenus. 1,1 million de personnes y ont trouvé la mort.

C'est au-dessus de la porte d'Auschwitz I que se trouvait la fameuse inscription : « Arbeit macht frei » (« le travail rend libre »).

4 juin 1940
La fin de l'évacuation de Dunkerque

FRANCE / VIE MILITAIRE

ENTRE LE 26 MAI ET LE 4 JUIN 1940, LA ROYAL NAVY RÉUSSIT LE TOUR DE FORCE D'ÉVACUER 340 000 SOLDATS DEPUIS DUNKERQUE.

Le 4 juin, les Allemands investissent Dunkerque. Le drapeau à croix gammée est hissé en haut du phare. Quelques heures plus tôt, les derniers soldats alliés présents à Dunkerque ont embarqué pour l'Angleterre. Pendant neuf jours, les navires de la Royal Navy, protégés par la Royal Air Force, ont fait la noria entre Dunkerque et Douvres, pour évacuer pas moins de 340 000 soldats, britanniques et français, pris au piège par les armées allemandes.

LA DÉCISION DE L'ÉVACUATION

L'évacuation est décidée par le cabinet de guerre de Churchill le 26 mai. À cette date, la situation est considérée comme désespérée : les forces alliées qui se sont portées au secours des Belges ont été coupées en deux et prises en étau par l'armée allemande, sur une région qui va de Lille à Dunkerque, et qui se réduit peu à peu comme peau de chagrin.

LES SACRIFICES

L'évacuation a été aidée par la résistance des troupes encerclées à Lille, qui combattent jusqu'au 31 mai. À Dunkerque, la 12e division d'infanterie motorisée française luttera au fort des Dunes jusqu'à ses dernières munitions et son dernier homme pour permettre l'embarquement des troupes.

À leur arrivée en Angleterre, les combattants de Dunkerque sont traités en vainqueurs et non en vaincus. Churchill rappellera tout de même que « les guerres ne se gagnent pas avec des évacuations », aussi héroïques soient-elles.

10 juin 1940
L'Italie déclare la guerre à la France

FRANCE / VIE MILITAIRE

UN MOIS APRÈS LE DÉCLENCHEMENT DE LA BATAILLE DE FRANCE, L'ITALIE ALLIÉE DE L'ALLEMAGNE ENTRE EN GUERRE CONTRE SON VOISIN FRANÇAIS. L'OBJECTIF : AVOIR SA PART DU GÂTEAU.

L'Italie n'était pas prête à entrer en guerre. Malgré l'alliance offensive conclue avec l'Allemagne en mai 1939 – le « pacte d'acier » –, elle garde finalement la neutralité dans le conflit qui éclate en septembre 1939.

UN COUP DE POIGNARD

Mais en juin 1940, la défaite française commence à se profiler. Mussolini entend bien profiter de la faiblesse française : *« J'ai besoin de quelques milliers de morts pour m'asseoir à la table de la paix. »* Le 10 juin, l'Italie déclare la guerre à la France et, en parallèle, à la Grande-Bretagne. Pour les Français, c'est un véritable coup de poignard dans le dos.

QUATRE JOURS DE COMBATS

L'offensive commence le 21 juin, alors que les pourparlers pour un armistice ont déjà commencé. L'infanterie est lancée à l'assaut des fortifications alpines, sans appui ni de l'artillerie ni de l'aviation. Les Italiens sont peu entraînés et mal équipés. Au final, seuls quelques bastions seront pris : les Français résistent et les Italiens ne réussissent pas à pénétrer en profondeur sur le territoire français. Ils occupent la petite ville côtière de Menton : c'est là leur grande victoire…

La « guerre » franco-italienne, essentiellement des engagements entre patrouilles, a fait 800 morts du côté italien, 40 du côté français.

14 juin 1940
Paris aux mains des Allemands

France / Vie militaire

Paris est abandonnée aux Allemands par son gouvernement, son armée et ses habitants, qui ont tous fui devant l'avance de l'ennemi.

Paris ne sera pas défendue. Le 13 juin, elle a été déclarée « ville ouverte » : pour que la ville et ses monuments soient préservés, les combats sont interdits. Le gouvernement est parti dès le 10 juin et l'écrasante majorité de la population parisienne a pris la fuite : il reste à peine le quart des 3 millions d'habitants que compte normalement la capitale.

Les uniformes vert-de-gris

C'est donc dans une ville vidée de ses habitants que les troupes allemandes entrent le 14 juin. Les uniformes vert-de-gris sont aperçus dès 5 h 30 avenue de Flandre, non loin de la gare du Nord.

Les drapeaux à croix gammée

Le général von Stunitz, nouveau commandant militaire pour la région parisienne, prend ses quartiers à l'hôtel Crillon, place de la Concorde. La Wehrmacht entame son premier défilé sur les Champs-Élysées. Au fronton des bâtiments officiels – et même sur l'Arc-de-Triomphe pendant quelques heures – flotte désormais la croix gammée. Les journaux ne paraissent pas ce jour-là, mais des voitures tournent dans la ville pour annoncer par haut-parleur : « Les troupes allemandes occupent Paris. »

Au premier jour de l'occupation de Paris, les Allemands se ruent sur les ministères abandonnés pour récupérer toutes les archives qui pourraient leur être utiles. L'original de l'humiliant Traité de Versailles de 1919 est envoyé à Hitler.

16 juin 1940
La demande d'armistice

France / Diplomatie

Contre la capitulation, le maréchal Pétain fait le choix de l'armistice.

À la mi-juin 1940, il faut se rendre à l'évidence : l'armée allemande a eu raison de la puissance de la France. Les troupes françaises sont en pleine débâcle, l'exode des civils fuyant devant l'avance allemande est massif, le pays totalement désorganisé. Que faut-il faire alors ? Capituler ? Demander l'armistice ?

Capitulation ou armistice ?

La bataille s'engage entre partisans de l'une et de l'autre solution, entre état-major et politiques, et au sein du gouvernement même : la capitulation est un acte seulement militaire, elle permettrait de poursuivre la guerre depuis les colonies, avec un gouvernement en exil ; l'armistice engagerait, lui, le gouvernement et la nation tout entière.

Le choix du maréchal Pétain

Le 16 juin, le gouvernement de Paul Reynaud, divisé sur cette question, tombe. Un nouveau gouvernement est formé par Pétain, vu comme l'homme providentiel seul capable de sauver la France. Le « vainqueur de Verdun », alors âgé de 84 ans, refuse de quitter le sol de la métropole : le soir même, il demande aux Allemands les conditions d'un armistice.

Parmi les membres du gouvernement favorables à la poursuite de la guerre, il y a le général de Gaulle, sous-secrétaire d'État à la guerre et à la Défense nationale entré au gouvernement le 6 juin 1940. Refusant catégoriquement le choix de l'armistice, il gagne l'Angleterre, d'où il passe, le 18 juin, son fameux « appel ».

18 juin 1940

L'appel du général de Gaulle

FRANCE / RÉSISTANCE

ACTE FONDATEUR DE LA RÉSISTANCE, L'APPEL DU 18 JUIN EST UN REFUS DE L'ARMISTICE DEMANDÉ LE 16 JUIN PAR LE MARÉCHAL PÉTAIN.

Arrivé à Londres le 17 juin, le général de Gaulle obtient du premier ministre Winston Churchill de prendre la parole à la radio.

LE REFUS DE LA DÉFAITE

Dans la soirée du 18 juin 1940, à la BBC, ce général que personne ne connaît ou presque appelle les Français à refuser la défaite et l'armistice demandé par le maréchal Pétain le 16 juin : il veut continuer la lutte en s'appuyant sur l'Empire, sur l'allié britannique et sur la puissance industrielle américaine ! De Gaulle invite soldats et ouvriers des industries d'armement à le rejoindre à Londres.

UN ACTE FONDATEUR

Très peu de Français ont en réalité entendu ce premier appel du général de Gaulle. Il n'a pas été non plus été enregistré – les techniciens de la BBC étant trop occupés par le discours à venir du premier ministre Winston Churchill. Mais les tracts parachutés ou distribués clandestinement en ont fait l'acte fondateur de la Résistance. L'appel sera suivi d'une affiche sur laquelle figure le fameux slogan : « La France a perdu une bataille ! Mais la France n'a pas perdu la guerre ! »

L'appel du 18 juin est la première d'une longue série d'interventions radiophoniques. L'émission « Les Français parlent aux Français », d'abord intitulée « Ici la France », commence le 14 juillet 1940, jour de la fête nationale, et sera diffusée jusqu'au 31 août 1944. De Gaulle y prenait la parole à peu près une fois par semaine.

22 juin 1940
La signature de l'armistice

France / Diplomatie

Après deux jours de négociations, l'armistice est finalement signé le 22 juin, à Rethondes.

Pour Hitler, il s'agit de laver l'humiliation de la Première Guerre mondiale : la France signera l'armistice précisément là où l'Allemagne avait dû reconnaître sa défaite le 11 novembre 1918, dans le wagon du maréchal Foch, à Rethondes, au cœur de la forêt de Compiègne.

Des clauses territoriales

Les clauses de l'armistice sont dures. Le territoire français est amputé : l'Alsace et la Lorraine deviennent allemandes et le Nord-Pas-de-Calais, riche en fer et en charbon – deux matières premières stratégiques –, est rattaché au gouvernorat mis en place par les Allemands à Bruxelles. Le reste du pays est coupé en deux : au nord de la ligne de démarcation, la zone occupée – le nord et l'ouest du pays, et la côte Atlantique sur toute sa longueur, soit les 3/5e du territoire – ; au sud, la « zone libre ».

La France à l'heure allemande

L'armée est réduite à 100 000 hommes, la France doit payer les frais de l'occupation allemande et l'économie est mise au service de l'occupant. Au sens figuré comme au sens propre, la France passe, au lendemain de l'armistice, à l'heure allemande : pour s'aligner sur Berlin, toutes les horloges sont avancées d'une heure.

Véritable symbole, le wagon de l'armistice remis en place avec sa voie ferrée dans la clairière de Rethondes en juin 1940 a été ensuite transféré et exposé à Berlin, avant d'en être évacué et détruit sur ordre d'Hitler en avril 1945.

23 juin 1940

La visite-éclair d'Hitler à Paris

FRANCE / VIE POLITIQUE

HITLER N'AURA MIS LES PIEDS À PARIS QU'UNE SEULE FOIS : LORS D'UNE « BLITZ BESUCH » (VISITE-ÉCLAIR), JUSTE APRÈS LA DÉBÂCLE FRANÇAISE.

Était-ce le dimanche 23 juin, lendemain de l'armistice, ou le 28, soit vingt-et-un ans, jour pour jour après la signature du Traité de Versailles qui avait consacré la défaite de l'Allemagne en 1918 ? Les historiens divergent. Toujours est-il qu'Hitler est bel et bien venu à Paris à la fin du mois de juin 1940.

TOUR DES PRINCIPAUX MONUMENTS

L'Opéra, la Madeleine, l'Arc de Triomphe, les Invalides, le Panthéon, Notre-Dame, le Sacré-Cœur : Hitler va de monument en monument, dans une ville presque déserte. Commencé à 6 heures du matin, ce tour des lieux les plus emblématiques de la capitale se termine par un survol de Paris, à 8 heures du soir.

UNE MISE EN SCÈNE

La visite a été savamment planifiée, largement photographiée et filmée pour servir les besoins de la propagande allemande : Hitler n'est pas là en soldat victorieux, mais en touriste amoureux des arts. Triomphateur certes, mais respectueux de l'adversaire. Une image destinée à rassurer l'Occident, mais dont les Alliés ne seront pas dupes : ils utiliseront plus tard les films de la visite pour montrer le danger nazi.

Hitler visite la ville en compagnie du sculpteur Arno Breker et de l'architecte Albert Speer, à qui l'on doit notamment le complexe de Nuremberg où se déroulaient les congrès du parti nazi.

24 juin 1940
L'armistice franco-italien

France / Diplomatie

La guerre franco-italienne aura duré 14 jours. Au 4e jour de combat, un armistice est signé près de Rome.

Mussolini avait des prétentions colossales : pour prix de son entrée en guerre contre la France le 10 juin 1940, il voulait l'occupation de la France jusqu'au Rhône et la mainmise sur la flotte de guerre française, sans compter l'annexion de Nice et de la Savoie et de territoires en Afrique !

La négociation avec Hitler

Des prétentions qu'il cherche à faire valoir auprès d'Hitler, le 18 juin, à Munich. Le Führer ne veut rien entendre : l'Italie n'aura que les territoires qu'elle réussira à occuper. Il fait une seule concession : l'armistice franco-allemand n'entrera en vigueur qu'après la signature de l'armistice franco-italien.

Des bénéfices limités

L'armistice est finalement signé dans la villa Incisa, près de Rome, le 24 juin, deux jours après l'armistice de Rethondes. La zone d'occupation italienne couvre 800 km^2, le long de la frontière ; elle est assortie d'une zone démilitarisée de 50 km de largeur. Les deux armistices signés par la France entrent en application le 25 juin, à 0 h 35.

La ville de Menton est annexée à l'Italie : l'italien devient la langue officielle et la langue d'enseignement, la lire la monnaie légale et les bornes kilométriques indiquent la distance par rapport à la ville de Rome ! Le 8 septembre 1943, jour de la capitulation italienne, elle rentrera dans le giron français, sous occupation allemande.

28 juin 1940
La naissance de la « France libre »

FRANCE / RÉSISTANCE

LE GÉNÉRAL DE GAULLE EST RECONNU « CHEF DES FRANÇAIS LIBRES » PAR LE GOUVERNEMENT BRITANNIQUE.

S'adresser aux Français à la BBC le 18 juin était une chose, faire reconnaître sa légitimité en était une autre. Car le général de Gaulle, au regard de la légalité, n'est pas en mesure de représenter la France.

LÉGALITÉ ET LÉGITIMITÉ

De Gaulle a certes fait partie du gouvernement présidé par Paul Reynaud entre le 5 et le 16 juin 1940, en tant que sous-secrétaire d'État à la Guerre et à la Défense nationale. Mais la France est représentée, en cette fin du mois de juin 1940, par le gouvernement du maréchal Pétain. Contre la légalité, de Gaulle se réclame de la légitimité.

LA RECONNAISSANCE PAR CHURCHILL

Un projet de Comité national français avorte – il ne verra le jour qu'en 1941. Churchill aurait alors dit : *« Vous êtes seul ? Eh bien, je vous reconnais tout seul ! »* C'est chose faite le 28 juin : de Gaulle devient le *« chef de tous les Français libres, où qu'ils se trouvent, qui se rallient à lui pour la défense de la cause alliée »*. C'est la naissance de la « France libre », à laquelle les Britanniques apportent leur appui financier.

Réunissant les soldats qui ont répondu à l'appel du général de Gaulle, la France libre crée le 1er juillet 1940 une force militaire, les Forces françaises libres (FFL), qui adoptent l'emblème de la Croix de Lorraine. À la fin du mois, elles rassemblent quelques milliers de soldats.

1er juillet 1940
Le gouvernement s'installe à Vichy

FRANCE / POLITIQUE

UNE SEMAINE APRÈS L'ARMISTICE, LE GOUVERNEMENT DE PÉTAIN S'INSTALLE À VICHY. LA VILLE ALLAIT DONNER SON NOM AU RÉGIME MIS EN PLACE QUELQUES JOURS PLUS TARD.

Le 1er juillet, le gouvernement présidé par le maréchal Pétain s'installe au cœur du Massif Central, dans la ville thermale de Vichy, en zone libre. C'est là le point d'aboutissement de pérégrinations de quelque trois semaines.

Quitter Paris

Devant l'avance des troupes allemandes qui menacent Paris, le gouvernement, alors dirigé par Paul Reynaud, quitte la capitale le 10 juin. Direction Tours, puis Bordeaux, où il s'installe le 15. La veille, la Wehrmacht est entrée dans Paris. Ce n'est pas la première fois que Bordeaux fait fonction de capitale de repli : le gouvernement y avait déjà trouvé refuge en 1914.

Direction Vichy

Mais suite à l'armistice du 22 juin, Bordeaux est occupée par les Allemands. Le gouvernement reprend donc la route. Il avait envisagé un temps de s'installer à Lyon, Marseille ou Perpignan. Mais c'est finalement Vichy qui l'emporte, grâce à sa situation – centrale, et à 50 km de la ligne de démarcation –, à sa grande capacité hôtelière et à son central téléphonique moderne de ville d'eau fréquentée par une clientèle internationale.

Le gouvernement avait préparé l'éventualité d'un départ pour Alger. Il renonce finalement à son projet. 27 parlementaires s'embarqueront tout de même le 20 juin sur le Massilia, *à destination de Casablanca, au Maroc.*

3 juillet 1940

La destruction de la flotte de Mers el-Kébir

France / Vie militaire

Pour éviter qu'elle ne tombe aux mains des Allemands, les Britanniques attaquent la flotte française de Mers el-Kébir, en Algérie.

Alors que la France vient de se retirer de la guerre en signant l'armistice du 22 juin, la Grande-Bretagne, laissée seule dans la bataille, craint que la flotte française stationnant dans le port militaire de Mers el-Kébir, dans le golfe d'Oran, en Algérie, ne passe aux mains des Allemands.

Un ultimatum

Le 3 juillet, l'amiral britannique Somerville lance un ultimatum au vice-amiral d'escadre Gensoul : la flotte française doit soit rejoindre les Britanniques, soit se saborder ou encore être désarmée dans un port américain, britannique ou antillais.

L'attaque

Alors que les escadres de Toulon et d'Alger décident de se porter au secours de Mers el-Kébir, les Britanniques ouvrent le feu sur les navires français. Près de 1 400 Français sont tués dans la bataille et la flotte presque entièrement détruite. À la suite de l'attaque, Pétain rompt toutes les relations diplomatiques avec la Grande-Bretagne. Pierre Laval et l'amiral Darlan auraient voulu aller jusqu'à lui déclarer la guerre. Pétain modéra leurs ardeurs : *« Une défaite suffit. »*

L'épisode ne fit que renforcer un sentiment anti-anglais déjà présent chez les amiraux français. Un sentiment qui explique le choix de l'amiral Laborde en novembre 1942, à Toulon : plutôt se saborder que de rallier les forces anglo-américaines.

10 juillet 1940
Le vote des pleins pouvoirs à Pétain

FRANCE / POLITIQUE

LE VOTE DES PLEINS POUVOIRS À PÉTAIN MARQUE LA NAISSANCE DU RÉGIME DE VICHY.

Le 10 juillet 1940, le maréchal Pétain obtient les pleins pouvoirs constituants : il pourra, à partir du 11 juillet, promulguer toute une série de lois constitutionnelles.

L'ÉTAT FRANÇAIS

La République française est alors remplacée par « l'État français » et la devise républicaine par « Travail, famille, patrie » – une devise porteuse des valeurs de la « Révolution nationale » prônées par le régime autoritaire et réactionnaire de Vichy.

UNE DÉMISSION COLLECTIVE

Ces pleins pouvoirs, Pétain les a obtenus en toute légalité. Certes, tous les Parlementaires n'étaient pas présents : 27 avaient quitté le sol métropolitain pour le Maroc et d'autres n'avaient pas pu se rendre à l'invitation du maréchal Pétain dans le désordre qui était encore celui de la France deux semaines après l'armistice. Mais sur les 672 présents, ils sont 80 seulement à voter contre – essentiellement des socialistes et des radicaux, et parmi eux Léon Blum – et 20 à s'abstenir. On assiste à une sorte de démission collective : le choc de la défaite a ravivé la désaffection pour le régime et les parlementaires sont tentés de se décharger sur Pétain des décisions à venir…

L'ordonnance du 9 août 1944 rétablissant la légalité républicaine considérera comme nuls et non avenus tous les textes constitutionnels promulgués par le régime de Vichy, et notamment cette loi du 10 juillet 1940.

31 juillet 1940
La création des chantiers de jeunesse

FRANCE / SOCIÉTÉ

POUR REMPLACER LE SERVICE MILITAIRE, LE RÉGIME DE VICHY CRÉE LES CHANTIERS DE LA JEUNESSE FRANÇAISE.

Que faire des jeunes Français démobilisés après juin 1940 ? La réponse du régime de Vichy sera la création des Groupements de jeunesse, devenus bientôt les Chantiers de la jeunesse française (CJF), sous la direction du général La Porte du Theil. L'idée est de former une jeunesse « saine » et « unie », grâce à un séjour de 6 mois (puis 8 mois) dans des camps en pleine nature, consacrés à des travaux d'intérêt général.

LES VALEURS DE LA « RÉVOLUTION NATIONALE »

Culte de la hiérarchie et de la discipline, importance du chef et notamment du maréchal Pétain, exaltation du retour à la terre : les CJF sont là pour inculquer les valeurs de la « Révolution nationale » mise en place par le régime de Vichy.

UN VIVIER DE MAIN-D'ŒUVRE

Les Allemands verront dans les chantiers un vivier de main-d'œuvre intéressant. Malgré le refus de La Porte du Theil que ses jeunes soient envoyés en Allemagne au titre du Service du travail obligatoire – ce qui lui vaudra d'être arrêté en janvier 1944 –, les chantiers passent sous le contrôle du ministre du Travail et de la Production industrielle : 16 000 jeunes iront travailler en Allemagne.

Sur de nombreuses photos, des maquisards portent l'uniforme des Chantiers : les stocks de vivres et de vêtements des CJF étaient une proie tentante pour des maquis en manque de tout.

27 août 1940
Le ralliement de l'AEF et du Cameroun

Afrique / Résistance

C'est la naissance d'un Empire français libre : le Tchad se rallie, sous la houlette de son gouverneur Félix Éboué, à la France libre de de Gaulle.

Le Tchad, au cœur de l'Afrique équatoriale française, se rallie le 26 août 1940. L'Oubangui-Chari, le Cameroun et le Congo lui emboîtent le pas les jours suivants. Le Gabon, dernier territoire de l'AEF, basculera au mois d'octobre. 3 millions de km^2 d'un seul tenant, de l'Atlantique à l'Égypte britannique, et 6 millions d'hommes : ces ralliements revêtent une importance politique et stratégique considérable.

Un premier organe de décision

En octobre est créé à Brazzaville, au Congo, un Conseil de défense de l'Empire, premier organe de gouvernement de la France libre. L'entrevue de Montoire, qui signe le début de la collaboration de Pétain avec Hitler, a eu lieu quelques jours plus tôt. De Gaulle réagit : *« Le peuple et l'Empire n'acceptent pas l'horrible servitude. [...] Il faut donc qu'un pouvoir nouveau assume la charge de diriger l'effort français dans la guerre. Les événements m'imposent ce devoir sacré, je n'y faillirai pas. »* Le Conseil de défense de l'Empire sera remplacé en 1941 par le Comité national français.

L'Afrique occidentale française reste, elle, fidèle à Vichy jusqu'au débarquement allié en Afrique du Nord en novembre 1942. L'opération menée par les Forces françaises libres sur sa capitale, Dakar, en septembre 1940, échoue lamentablement, malgré l'appui de la flotte britannique.

7 septembre 1940

Le début du Blitz

GRANDE-BRETAGNE / VIE MILITAIRE

LES BOMBARDEMENTS ALLEMANDS SUR LES VILLES ANGLAISES VISENT À AFFAIBLIR LE MORAL DE LA POPULATION.

Les bombardements allemands sur l'Angleterre avaient commencé dès le mois de juillet 1940. Une fois les mains libres du côté français, Hitler planifiait l'invasion de l'île. Mais pour réussir un débarquement, il fallait d'abord prendre le contrôle du ciel et donc détruire la Royal Air Force. Devant le peu de succès des premières missions, la stratégie est modifiée : la Luftwaffe, l'armée de l'air allemande, bombardera désormais les grandes villes pour terroriser les civils.

DES BOMBARDEMENTS NOCTURNES

Le Blitz (« éclair ») commence le 7 septembre 1940 : la nuit – pour échapper à la défense aérienne britannique –, les bombardiers allemands frappent Londres, Coventry, Plymouth, Birmingham, Liverpool, jusqu'en mai 1941, faisant 43 000 victimes.

LA SITUATION À LONDRES

À Londres, l'East End, ce quartier populaire de l'est, est le premier touché. Le palais de Buckingham, la cathédrale Saint-Paul, la Chambre des communes sont endommagés. À chaque alerte aérienne, les Londoniens se réfugient dans le métro. Bientôt, on évacue les enfants pour les mettre en sécurité à la campagne. Le roi George VI et la famille royale, eux, refusèrent de quitter Londres. Leur popularité en sortit renforcée.

Le raid lancé sur Coventry dans la nuit du 14 au 15 novembre fut le plus destructeur de tous. La propagande allemande inventa à cette occasion le verbe coventrisieren *(« coventryser »), utilisé pour dire « détruire totalement ».*

23 septembre 1940
L'instauration des cartes de rationnement

France / Vie quotidienne

Pour faire face aux pénuries, le régime de Vichy met en place un système de rationnement.

Dès 1940, la désorganisation économique liée à la guerre et à l'envoi des hommes sur le front entraîne des pénuries.

Des pénuries croissantes

La situation se dégrade encore après l'armistice du 22 juin avec l'occupation de la moitié nord de la France – la région la plus riche économiquement –, les prélèvements allemands et le blocus mené par les Anglais, qui gêne le commerce avec l'Empire.

La situation se dégrade encore après l'armistice

Le rationnement avait déjà été expérimenté lors de la Première Guerre mondiale. Le système mis en place en 1940 en reprend les principes essentiels : création d'un ministère du Ravitaillement, recensement de la population, divisée en sept catégories différentes en fonction de ses besoins, établissement des cartes et des tickets de rationnement, d'abord pour les produits alimentaires de base, puis pour tous les produits alimentaires, les vêtements et le charbon. Le rationnement restera en place jusqu'en 1947.

À Paris, un adulte a droit à 275 g de pain par jour ; 350 g de viande, 100 g de matières grasses, 70 g de fromage par semaine ; 500 g de sucre, 200 g de riz, 250 g de pâtes par mois. En moyenne, à peine 1 200-1 800 calories par jour. Ceux qui le peuvent complètent grâce au marché noir. Plus de la moitié des Français connaissent la faim.

27 septembre 1940
Le pacte tripartite

MONDE / DIPLOMATIE

L'ALLEMAGNE, L'ITALIE ET LE JAPON, TROIS PAYS AUX VISÉES EXPANSIONNISTES, AFFICHENT LEUR DÉTERMINATION PAR LA SIGNATURE D'UN PACTE DE DÉFENSE.

L'événement est très relayé par la propagande allemande : le 27 septembre 1940, le comte Ciano, ministre des Affaires étrangères italien, et l'ambassadeur du Japon, Kurusu, sont accueillis à Berlin par le ministre des Affaires étrangères von Ribbentrop, pour sceller une alliance tripartite. La signature du pacte, dans la Chancellerie du Reich, est suivie de grandes parades militaires.

UNE ALLIANCE MULTILATÉRALE

L'Allemagne avait déjà conclu une alliance en 1936 avec l'Italie – l'axe Rome-Berlin –, renforcée par le « pacte d'acier » en 1939. Berlin et Tokyo avaient eux-mêmes signé un pacte anti-komintern (anti-communistes), contre l'URSS, en 1936. Le pacte tripartite vient couronner le tout.

UN PACTE DE DÉFENSE COMMUNE

Cet accord de défense, contre toute puissance qui n'est pas encore engagée dans la guerre, inclut la reconnaissance des zones d'influence de chacun : à l'Allemagne l'Europe continentale, à l'Italie la Méditerranée, au Japon l'Asie orientale et le Pacifique. Conformément au pacte, l'Italie et l'Allemagne entreront en guerre contre les États-Unis en réponse à la déclaration de guerre américaine au Japon, le 8 décembre 1941.

La Hongrie, la Roumanie, la Slovaquie, la Bulgarie et la Yougoslavie adhéreront au pacte tripartite entre novembre 1940 et mars 1941. Contrairement aux Alliés, les forces de l'Axe Rome-Berlin-Tokyo ne mèneront pas d'opérations communes majeures.

3 octobre 1940
Le statut des juifs

FRANCE / SOCIÉTÉ

CE STATUT EST RÉVÉLATEUR DU CARACTÈRE ANTISÉMITE DU RÉGIME DE VICHY.

Le 27 septembre, les Allemands avaient promulgué une ordonnance à l'encontre des commerçants juifs de la zone occupée, soumis à recensement et devant apposer, dans les vitrines de leurs magasins, un écriteau portant la mention « juif ». Le 3 octobre, sans que les Allemands n'aient rien demandé, le gouvernement de Vichy instaure un « statut des juifs » pour la zone libre.

UN STATUT RADICAL

Celui-ci va bien plus loin que l'ordonnance allemande. Mentionnant la « race » juive là où les Allemands parlent de « religion », il englobe une population plus large : si le conjoint est juif, il suffit de deux grands-parents – et non de trois comme le prévoient les Allemands – pour être visé.

UN RÉGIME D'EXCLUSION

Les juifs sont exclus des principaux corps de la fonction publique et notamment de l'enseignement. Un numerus clausus est établi à l'université et dans certaines professions libérales (avocats, médecins, architectes notamment). Dès le mois de septembre 1940, le gouvernement de Vichy avait mis en place une commission pour dénaturaliser les juifs d'origine étrangère devenus Français récemment.

Comme le montre l'exemplaire annoté de sa main remis récemment au Mémorial de la Shoah par un donateur anonyme, le maréchal Pétain a eu un rôle déterminant dans la conception de ce statut des juifs : les modifications qu'il a souhaitées vont toutes dans le sens d'un durcissement.

12 octobre 1940
La création du ghetto de Varsovie

Pologne / Shoah

Plus grand ghetto juif d'Europe, le ghetto de Varsovie a compté jusqu'à 450 000 personnes.

La persécution des juifs avait commencé en Allemagne dès l'arrivée d'Hitler au pouvoir, en 1933. Avec l'annexion de la Pologne au Reich, en septembre 1939, une nouvelle étape est franchie : les nazis décident de regrouper les juifs et de les enfermer dans des ghettos. Le premier est créé à Lublin, un deuxième à Lodz. Le 12 octobre 1940, jour de la fête du Yom Kippour, c'est le tour de la capitale, Varsovie.

L'entassement dans le ghetto

Tous les juifs de la ville – ils sont environ 350 0000, soit près du tiers de la population totale – doivent s'installer dans la zone délimitée par les Allemands, qui représente moins de 3 % de la superficie de la ville. Le ghetto sera bientôt entouré d'un mur de trois mètres de haut, surmonté de bris de verre et de barbelés. Les sorties du ghetto – au niveau de 28 points de passage, bientôt réduits à 15 – sont réglementées.

Une mort lente et programmée

La gestion est confiée à un Judenrat (« conseil juif ») chargé d'organiser le travail, pour un salaire dérisoire, dans des ateliers et des usines qui produisent pour l'armée allemande. L'insuffisance des rations alimentaires et la promiscuité, qui favorise la propagation des maladies comme le typhus, conduisent à une mortalité très élevée.

À partir du début de l'année 1941 viennent s'entasser dans le ghetto déjà surpeuplé de nouveaux arrivants, déportés du reste de la Pologne et bientôt d'Allemagne.

24 octobre 1940
L'entrevue de Montoire

FRANCE / COLLABORATION

LA POIGNÉE DE MAIN ENTRE HITLER ET PÉTAIN, À MONTOIRE, EST LE SYMBOLE DE LA COLLABORATION D'ÉTAT MISE EN PLACE PAR LE RÉGIME DE VICHY.

« J'entre, aujourd'hui, dans la voie de la collaboration », expliquera le maréchal Pétain le 30 octobre 1940, dans un discours adressé aux Français. Une collaboration librement choisie, née une semaine plus tôt lors de sa rencontre avec Hitler. Leur poignée de main, dans la gare de Montoire-sur-le-Loir, a été immortalisée par les photographes.

LE CHOIX DE LA COLLABORATION

C'est lors de cette entrevue que le principe de la « collaboration » est mis en place. Les Allemands voulaient une collaboration économique et administrative ; Pétain leur offre en plus une collaboration politique, militaire et policière.

UN MARCHÉ DE DUPES

Pétain espère obtenir en échange une amélioration des conditions de vie des Français, un assouplissement des dispositions de l'armistice et, à terme, une place de choix pour la France dans une Europe nazie. Les Allemands trouvent là une opportunité rêvée d'exploiter la France au mieux, sans aucune contrepartie. La collaboration sera un complet marché de dupes.

L'initiative de la rencontre revient à Pierre Laval, le vice-président du gouvernement de Pétain. Hitler, allé en Espagne rencontrer Franco, s'arrête dans la gare de Montoire sur le chemin du retour. L'endroit présente plusieurs avantages : à l'écart, non loin de la ligne de démarcation et à proximité d'un tunnel où se réfugier dans l'éventualité d'une attaque aérienne.

11 novembre 1940
La manifestation des étudiants

FRANCE / RÉSISTANCE

DES LYCÉENS ET ÉTUDIANTS BRAVENT L'INTERDICTION DE MANIFESTER LE 11 NOVEMBRE.

Les autorités allemandes avaient interdit toute commémoration du 11 novembre, jour anniversaire de l'armistice de la guerre de 1918, devenu jour férié en 1922.

UNE MANIFESTATION PATRIOTIQUE

En défi à l'occupant, quelques milliers de lycéens et d'étudiants parisiens – entre 1 000 et 3 500 selon les estimations – se rassemblent ce jour-là vers 17 heures. Direction l'Arc-de-Triomphe où est enterré le soldat inconnu. La manifestation, au cri de « Vive la France ! » et au son de la Marseillaise, est violemment réprimée. L'armée allemande et les SS interviennent pour disperser les manifestants sur les Champs-Élysées : une centaine d'entre eux sont arrêtés et emprisonnés, beaucoup sont blessés.

L'APPEL DE DE GAULLE

Une première manifestation avait eu lieu le 8 novembre, à l'appel d'étudiants proches du parti communiste, pour protester contre l'arrestation, quelques jours plus tôt, de Paul Langevin, professeur au Collège de France, qui ne cachait pas ses opinions antifascistes. Cette manifestation n'avait eu qu'un succès limité, mais avait été l'occasion de lancer un deuxième rassemblement, trois jours plus tard. De Gaulle, depuis Londres, avait lui aussi appelé à célébrer le 11 novembre.

Cette manifestation, célébrée par la Résistance et notamment par les communistes, fut suivie les 11 novembre 1941, 1942 et 1943, de rassemblements de plus en plus importants.

11 mars 1941

Le vote de la loi du prêt-bail

ÉTATS-UNIS / ÉCONOMIE

SANS ENTRER ENCORE EN GUERRE, LES ÉTATS-UNIS S'ENGAGENT UN PEU PLUS CONTRE L'ALLEMAGNE...

Il y avait eu, en 1939, la loi Cash and Carry, permettant la vente de matériel de guerre aux pays belligérants, à condition qu'ils paient comptant et assurent le transport eux-mêmes.

LIVRAISONS À CRÉDIT

En 1941, les États-Unis vont plus loin : la loi du prêt-bail (« Lend-Lease »), votée par le Congrès le 11 mars, autorise le président des États-Unis à « vendre, céder, échanger, louer, ou doter par d'autres moyens » tout gouvernement « dont le Président estime la défense vitale pour les États-Unis ». Du matériel de guerre, mais aussi des matières premières, des vêtements, des denrées alimentaires, seront livrés à crédit.

PROTÉGER LES INTÉRÊTS AMÉRICAINS

À cette date, la Grande-Bretagne, seul pays européen encore en guerre contre l'Allemagne nazie, n'a plus les ressources financières suffisantes pour se procurer le matériel de guerre dont elle a besoin, ni les moyens de l'acheminer de façon sûre. Les États-Unis ne peuvent prendre le risque d'une défaite britannique qui aurait livré l'Atlantique nord aux Allemands.

Ces livraisons au titre de la loi du prêt-bail ont fait tourner à plein régime les usines de guerre américaines. Les États-Unis deviennent « l'arsenal des démocraties », tout particulièrement de la Grande-Bretagne et de l'URSS, les deux principaux bénéficiaires de la loi du prêt-bail.

14 mai 1941
Première rafle à Paris

FRANCE / SHOAH

À PARTIR DE MAI 1941, LES ALLEMANDS PROCÈDENT, AVEC LA COLLABORATION DE LA POLICE FRANÇAISE, À L'ARRESTATION COLLECTIVE DES JUIFS : LES RAFLES.

Des juifs ont été arrêtés, individuellement, dès 1940. Mais avec la rafle du 14 mai 1941, on passe à des arrestations collectives. Les fichiers facilitent les arrestations : les juifs ont été contraints de se faire recenser dès le mois d'octobre 1940.

LA RAFLE DU « BILLET VERT »

Le 14 mai 1941, des 6 500 juifs polonais, tchécoslovaques et autrichiens convoqués par un billet vert « pour examen de situation », ils sont 3 700 à se présenter. Si la personne qui devait les accompagner est envoyée à leur domicile pour aller chercher quelques affaires, eux sont envoyés dans le Loiret, dans les camps de Beaune-la-Rolande et de Pithiviers.

RAFLES À PARIS ET EN PROVINCE

D'autres rafles suivront : la rafle du 20 au 25 août 1941 – les policiers français bouclent le 11e arrondissement avant de passer aux arrondissements voisins –, la rafle du 12 décembre 1941 – une rafle de notables, presque tous de nationalité française –, la rafle du Vel' d'hiv' des 16 et 17 juillet 1942 ou encore la grande rafle du 26 août 1942 dans toute la zone Sud du pays.

Le premier convoi de déportation partira pour Auschwitz le 27 mars 1942. Le train est composé de wagons de troisième classe. Les 76 convois suivants ne seront composés que de wagons à bestiaux.

22 juin 1941
Le lancement de l'opération Barbarossa

EUROPE / VIE MILITAIRE

CONQUÉRIR LA RUSSIE D'EUROPE EN QUELQUES MOIS : TEL ÉTAIT L'OBJECTIF DU PLAN BARBAROSSA.

22 juin 1941, 3 h du matin : prenant l'Armée rouge par surprise, la Luftwaffe cloue au sol plusieurs centaines d'avions soviétiques ; une heure plus tard, les blindés allemands franchissent la frontière. Certains informateurs faisaient état de l'imminence d'une attaque, mais Staline croit encore au pacte de non-agression qu'il a signé avec l'Allemagne en 1939.

CHARS ET AVIATION

L'opération porte le nom de l'empereur Barberousse, parti en croisade contre les Infidèles. Hitler, lui, veut anéantir les « judéo-bolchéviks » et conquérir un « espace vital » à l'est. Sa stratégie : la Blitzkrieg (guerre-éclair). Appuyée sur 150 divisions allemandes, elle doit permettre de prendre le contrôle de toute la Russie d'Europe, centre névralgique de l'URSS, avant l'hiver. Trois objectifs principaux : Leningrad au nord, Moscou, la capitale, et Kiev, au sud.

L'ÉCHEC DE LA GUERRE-ÉCLAIR

La stratégie semble réussir dans un premier temps. Mais dès l'automne, l'avancée allemande est bloquée par les pluies et la boue. L'état-major est contraint de changer de stratégie : Moscou devient l'objectif prioritaire. Il s'agit de briser la volonté de résistance de l'adversaire.

Hitler avait compté sur la faiblesse de l'Armée rouge, désorganisée par les purges staliniennes de la fin des années 1930. Elle s'avère plus résistante et mieux équipée qu'il ne l'estimait.

8 juillet 1941
La création de la Légion des volontaires français

FRANCE / COLLABORATION

LES VOLONTAIRES DE LA LVF IRONT SE BATTRE SUR LE FRONT RUSSE AUX CÔTÉS DES ALLEMANDS.

Il aura fallu à peine deux semaines après le début de l'invasion de l'URSS par l'Allemagne pour que soit créée la Légion des volontaires français contre le bolchévisme, abrégée le plus souvent en Légion des volontaires français ou LVF. Cette association, portée par des hommes politiques séduits par le fascisme comme Jacques Doriot, Marcel Déat et Marcel Bucard, ouvre des bureaux de recrutement dans toute la France.

UN RECRUTEMENT LIMITÉ

Malgré des chiffres gonflés, la LVF a eu du mal à recruter : ses effectifs ne dépasseront jamais les 6 500. Parmi eux, des collaborationnistes convaincus comme Jacques Doriot, mais aussi des marginaux, des aventuriers, des repris de justice… Tous combattent sous les drapeaux allemands et reçoivent leur solde du gouvernement allemand.

LA DIVISION CHARLEMAGNE

Le 1er septembre 1944, la LVF est officiellement dissoute : ses membres sont intégrés dans la Waffen-SS au sein de la Division Charlemagne. Certains d'entre eux feront partie des derniers défenseurs du bunker d'Hitler, à Berlin, jusqu'au 2 mai 1945.

> *Vichy, officiellement neutre dans le conflit, interdit aux officiers d'active de s'engager dans la LVF. Mais Pétain a une attitude ambiguë. Approuvant le combat contre le bolchévisme, il écrira à un officier de la LVF : « Vous détenez une part de notre honneur militaire. »*

14 août 1941
La Charte de l'Atlantique

Monde / Diplomatie

La Charte de l'Atlantique, signée par Churchill et Roosevelt, prépare l'après-guerre et pose les principes de la future Organisation des Nations unies.

Du 9 au 12 août 1941, quelques semaines après le début de l'invasion de l'URSS par l'Allemagne, le Premier ministre britannique Winston Churchill et le président américain Franklin D. Roosevelt se rencontrent pour une première conférence au sommet au large de Terre-Neuve (Canada).

L'engagement politique des États-Unis

Depuis la loi du prêt-bail de mars 1941, les États-Unis apportaient à la Grande-Bretagne leur appui économique. Roosevelt, avec la Charte de l'Atlantique, va plus loin : il consent cette fois-ci à un engagement politique et idéologique.

Les principes de l'après-guerre

Le texte de la Charte définit les buts de guerre des Alliés combattant contre l'Axe : non pas l'agrandissement territorial, mais la « destruction finale de la tyrannie nazie ». Il affirme le principe du droit des peuples à disposer d'eux-mêmes, la souveraineté des États et la liberté des mers, et cherche à poser les bases d'un monde meilleur pour l'après-guerre. Il y a là en germe les fondements de l'Organisation des Nations unies qui verra le jour en 1945.

La rencontre entre Churchill et Roosevelt, à bord du Potomac, *le navire présidentiel, s'est faite dans le plus grand secret. Le monde n'en aura connaissance que le 14 août, jour où le texte de la Charte de l'Atlantique est communiqué à la presse.*

4 octobre 1941

La Charte du travail

FRANCE / SOCIÉTÉ

LA CHARTE DU TRAVAIL TRADUIT LES VALEURS ANTI-LIBÉRALES ET RÉACTIONNAIRES DU RÉGIME DE VICHY.

La loi du 2 décembre 1940 avait créé une première corporation : la corporation paysanne. La Charte du travail promulguée en octobre 1941 étend le principe et instaure des corporations par branches d'activités. Finis les syndicats tels qu'ils avaient établis dans les années 1880. Fini le droit de grève. Pour éviter la lutte des classes, patrons et ouvriers sont regroupés au sein de corporations. Des comités sociaux d'entreprises sont créés.

L'IMPORTANCE DES COMMUNAUTÉS

Cette charte est emblématique des valeurs défendues par le régime de Vichy. La Révolution nationale accorde une place de tout premier plan aux communautés, auxquelles les individus sont subordonnés hiérarchiquement : la patrie, qui est la communauté suprême, mais aussi la famille, l'école, l'entreprise. Dans cette société placée sous l'autorité du chef, les individus ne sont plus libres et égaux en droits, ni dépositaires de la souveraineté nationale.

LE CONTRÔLE DE L'ÉTAT

La Charte permet à l'État un contrôle étroit des corporations et donc des prix et des salaires. Elle accorde une place prééminente à la corporation paysanne, essentielle pour un régime qui prône le retour à la terre.

La plupart des structures mises en place par la Charte du travail resteront des coquilles vides. La corporation paysanne servira surtout pour les réquisitions.

22 octobre 1941
L'exécution de Guy Môquet

France / Politique

Suite à l'assassinat d'un officier allemand, 27 otages sont fusillés près de Nantes.

20 octobre 1941 : le lieutenant-colonel Karl Hotz, commandant des troupes d'occupation en Loire-Inférieure, est abattu à Nantes par un commando formé de trois jeunes communistes.

Des représailles

En représailles de cet acte qualifié de « terroriste » par les autorités allemandes, 48 « otages », la plupart communistes ou syndicalistes, seront fusillés, le 22 octobre 1941. Parmi eux, 27 prisonniers du camp de Châteaubriant, et notamment Guy Môquet. Le nom de ce jeune homme de 17 ans à peine ne figurait pas sur la liste fournie par le ministère de l'Intérieur du gouvernement de Vichy. Il a été rajouté par les Allemands.

Jeune militant communiste

Guy Môquet collait des papillons sur les réverbères, lançait des tracts des Jeunesses communistes depuis les balcons des salles de cinéma quand il est arrêté en octobre 1940 par la Brigade spéciale de répression anticommuniste : depuis septembre 1939, le Parti communiste est interdit. Incarcéré dans un premier temps à la prison de Fresnes, Guy Môquet est transféré en mai 1941 près de Nantes, au camp de Châteaubriant. Le jour de son exécution, il écrit une dernière lettre à ses parents : *« Certes j'aurais voulu vivre, mais ce que je souhaite de tout mon cœur c'est que ma mort serve à quelque chose. »*

Guy Môquet sera à titre posthume décoré de la Croix de guerre et de la Médaille de la Résistance, et nommé Chevalier de la légion d'honneur.

7 décembre 1941
L'attaque japonaise sur Pearl Harbor

Pacifique / Vie militaire

L'attaque de la base navale, si elle ne réussit pas à anéantir la flotte américaine, provoque l'entrée en guerre des États-Unis.

Le dimanche 7 décembre 1941, au petit matin, les Japonais attaquent la base navale de Pearl Harbor, dans l'archipel d'Hawaï. En deux vagues aériennes successives, ils détruisent une dizaine de navires, près de 200 avions et font plus de 2 400 victimes.

Un conflit larvé

Le conflit entre les deux pays était larvé depuis plusieurs mois déjà : les Américains avaient accordé à la Chine le bénéfice de la loi du prêt-bail et mis un embargo sur le pétrole et l'acier japonais pour les pousser à quitter la Chine et l'Indochine. Tout en menant des pourparlers avec Washington à l'automne 1941, Tokyo prépare un plan d'attaque sur Pearl Harbor : l'anéantissement de la flotte du Pacifique permettra au Japon de poursuivre sans obstacles sa politique expansionniste visant à la création d'une « sphère de coprospérité asiatique ».

L'engrenage des alliances

La réplique est immédiate : le Congrès américain déclare la guerre au Japon. Conformément au pacte tripartite signé avec le Japon, l'Italie et l'Allemagne entrent à leur tour en guerre contre les États-Unis.

Un point reste controversé : l'attaque était-elle vraiment une surprise ? Pour certains, le gouvernement américain aurait décidé de ne pas divulguer l'information : l'attaque sur le sol américain était le prétexte idéal pour justifier leur entrée en guerre...

7 décembre 1941
Le décret « Nuit et brouillard »

EUROPE / POLITIQUE

UN TRANSFERT EN ALLEMAGNE DANS LE PLUS GRAND SECRET : TELLE EST LA TENEUR DU DÉCRET « NACHT UND NEBEL ».

« Nuit et brouillard ». Le nom de ce décret allemand, sous ses dehors presque poétiques, renvoie à une réalité sordide : les prisonniers visés par ce texte doivent disparaître sans laisser de trace.

UNE TENTATIVE DE DISSUASION

L'objectif d'une telle mesure ? Faire peur et dissuader. Le décret vise les résistants, les saboteurs qui, aux yeux du Reich, constituent un danger pour la sécurité de l'armée allemande. Transférés en Allemagne, les prisonniers sont condamnés à la prison ou aux travaux forcés. La plupart d'entre eux seront français, belges ou hollandais.

DES DÉPORTÉS AU RÉGIME PARTICULIER

À l'automne 1944, les prisons et les bagnes sont surpeuplés, l'échec de la dissuasion est patent : les prisonniers sont finalement transférés dans les camps de concentration mais ils gardent un traitement à part. Marqués d'un double N (pour « Nacht und Nebel »), ils n'ont le droit de recevoir ni colis ni courrier. Les lettres qu'ils envoient ne sont pas non plus transmises à leurs destinataires. Mais ils ne le sauront qu'après la guerre.

Le documentaire Nuit et brouillard, *réalisé par Alain Resnais en 1956, ne porte pas sur les prisonniers NN, mais plus largement sur la déportation. Contre l'objectif du décret visant à jeter les déportés dans l'oubli, c'est un fervent appel à garder bien en mémoire l'horreur de la Shoah.*

8 décembre 1941

Premier gazage à Chelmno

EUROPE / SHOAH

PREMIER AVATAR DES CHAMBRES À GAZ CONÇUES PAR LES NAZIS : LES CAMIONS À GAZ, UTILISÉS DANS LE CAMP DE CHELMNO EN POLOGNE.

Si Auschwitz reste le plus grand camp d'extermination mis en place par les nazis, Chelmno fut le premier à être mis en marche. C'est là qu'a lieu, le 8 décembre 1941, le premier gazage. Contrairement à ce qu'il se passera dans les camps d'Auschwitz, de Belzec ou de Treblinka, les déportés ne sont pas asphyxiés dans des chambres à gaz en dur, mais dans des camions, pouvant contenir jusqu'à 70 personnes.

DES CAMIONS À GAZ

Les trois camions en fonctionnement à Chelmno roulaient jusqu'à ce que les gaz d'échappement, évacués entièrement dans l'habitacle, n'aient plus laissé aucun survivant. Les corps étaient ensuite déversés dans des fosses communes dans la forêt, puis à partir de l'été 1942 brûlés dans des fours crématoires.

UNE MÉTHODE EXPÉRIMENTÉE SUR LE FRONT DE L'EST

La méthode avait été mise en place lors de l'invasion de l'URSS à l'été 1941, en réponse aux plaintes des Einsatzgruppen : ces unités mobiles d'extermination chargées de fusiller les populations juives, se plaignaient d'un procédé fatigant physiquement et psychologiquement.

Destiné à l'extermination du ghetto de Lodz, l'un des premiers ghettos créés en Pologne, le camp de Chelmno fonctionne de décembre 1941 à mars 1943. Devenu inutile, le camp est ensuite démantelé. Il sera brièvement rouvert à l'été 1944. Les cadavres des fosses communes sont ensuite exhumés et brûlés à l'automne 1944 pour effacer les preuves des massacres.

2 janvier 1942
Jean Moulin est parachuté en France

FRANCE / RÉSISTANCE

MANDATÉ PAR LE GÉNÉRAL DE GAULLE, JEAN MOULIN DOIT UNIFIER LA RÉSISTANCE INTÉRIEURE.

Dans la nuit du 1er au 2 janvier 1942, Rex, alias Jean Moulin, est parachuté dans les Alpilles avec des fonds et du matériel de transmission destinés à la Résistance. Sa mission : parvenir à unifier les différents mouvements de Résistance, les rallier au général de Gaulle et créer une armée secrète.

DE CHARTRES À LONDRES

Jean Moulin a gagné Londres quelques mois plus tôt, en octobre 1941, via l'Espagne et le Portugal. Cet ancien préfet d'Eure-et-Loir révoqué par le gouvernement de Vichy était passé en zone libre à l'automne 1940. En juillet 1941, il a rencontré Henri Frenay, fondateur de mouvement Combat, à Marseille.

RÉSISTANCE INTÉRIEURE ET EXTÉRIEURE

À Londres, Jean Moulin rencontre le général de Gaulle et lui présente la situation des mouvements de résistance français, encore à un stade embryonnaire : ils manquent cruellement d'armes et d'argent que seule la Résistance extérieure peut leur fournir. Le chef de la France libre, lui, a besoin d'être reconnu par la Résistance intérieure pour asseoir sa légitimité. Jean Moulin sera son émissaire.

Avant même de rentrer dans la Résistance, Jean Moulin a refusé de se soumettre aux Allemands, qui lui demandaient d'accuser une troupe de tirailleurs sénégalais de l'armée française d'avoir commis des atrocités sur des civils. Arrêté, il tente de se trancher la gorge.

6 janvier 1942
L'annonce du Victory Program

États-Unis / Économie

Le président Roosevelt mobilise toute l'économie américaine pour faire des États-Unis l'arsenal des démocraties.

C'est le 6 janvier 1942, soit près d'un mois l'entrée en guerre des États-Unis, que le président Roosevelt annonce aux Américains le lancement du « Victory Program ». L'élaboration de ce plan, qui doit permettre aux Alliés de l'emporter contre les forces de l'Axe, remonte en réalité à l'été 1941, alors que les États-Unis ne sont engagés dans la guerre que moralement et économiquement.

Une économie de guerre

Il s'agit de mobiliser l'économie américaine dans un effort de guerre considérable : dans la guerre totale qu'est la Seconde Guerre mondiale, il faut produire des quantités croissantes de matériel pour équiper l'armée américaine et les armées alliées.

Une production de masse

En trois ans, les États-Unis fabriqueront 275 000 avions, 6 340 000 véhicules légers, 90 000 chars et 65 millions de tonnes de navires. Deux procédés permettent d'accélérer la production : le pré-assemblage et la standardisation. Les *liberty ships*, ces cargos qui servent à l'acheminement du matériel, sortent des chantiers au rythme d'un tous les 12 jours.

Ce sont 6 millions d'Américaines qui travaillèrent dans les usines d'armement et dans les arsenaux entre 1941 et 1945. On les surnomma les « Rosie » : pour convaincre la population que les femmes pouvaient river, souder, fabriquer des armes, une campagne de presse avait été lancée, montrant la force de « Rosie la riveteuse ».

20 janvier 1942
La conférence de Wannsee

EUROPE / SHOAH

SI « LA SOLUTION FINALE » AVAIT EN RÉALITÉ ÉTÉ DÉCIDÉE DÈS 1941, C'EST DANS LE COMPTE RENDU DE LA CONFÉRENCE DE WANNSEE DE JANVIER 1942 QU'ON EN TROUVE LA PREMIÈRE MENTION.

La conférence de Wannsee est restée comme la conférence de « la solution finale ». L'Histoire n'a retenu que les trois premiers mots de la formule complète que l'on trouve dans le compte rendu de la réunion : « La solution finale de la question juive en Europe ». Sous cette expression codée se cache la décision d'exterminer toute la population juive européenne, soit 11 millions de personnes.

UNE RÉUNION DE HAUTS FONCTIONNAIRES

La conférence, tenue dans la villa Marlier, dans la banlieue de Berlin, réunit le 20 janvier 1942 quinze hauts fonctionnaires du Parti nazi et de l'administration allemande.

UNE EXTERMINATION DÉJÀ ENTAMÉE

« La solution finale » avait en réalité déjà commencé : à partir de l'été 1941, avec les unités mobiles d'extermination (Einsatzgruppen) – qui fusillent leurs victimes soviétiques, avant de passer dans un deuxième temps à l'asphyxie dans des camions –, puis avec la création des premiers camps d'extermination de Belzec, Sobibor et Treblinka et le début du gazage à Chelmno à l'automne 1941. La réunion de Wannsee permit d'informer les hauts fonctionnaires convoqués d'un plan d'extermination déjà bien entamé.

C'est Adolf Eichmann qui assurera la logistique de la « solution finale », organisant des quatre coins de l'Europe, la déportation des juifs vers les camps d'extermination situés dans l'ancienne Pologne.

19 février 1942
L'ouverture du procès de Riom

France / Politique

Pour asseoir sa légitimité, le régime de Vichy intente un procès à cinq militaires et hommes politiques. Le procès tourne, pour les accusateurs, à la déconfiture.

Le 19 février 1942 s'ouvre en zone libre, dans le Puy-de-Dôme, le procès des « responsables de la défaite » de 1940.

Le procès de la IIIe République

Au banc des accusés, il y a notamment Léon Blum et Édouard Daladier, qui ont été présidents du Conseil entre 1936 et 1940, et le général Gamelin. Les cinq inculpés sont accusés de l'impréparation de l'armée française. En cause : les mesures sociales prises par le Front populaire – la semaine de 40 heures, les congés payés et les nationalisations.

Un procès tronqué

Plus de 400 témoins devaient comparaître. Mais les accusés, et notamment Léon Blum dont la plaidoirie fit grand bruit, réussirent à retourner l'accusation et à pointer du doigt l'incurie du commandement militaire, véritable responsable de la débâcle de 1940. Et à mettre en cause le maréchal Pétain lui-même, ministre de la Guerre en 1934. Le procès est finalement suspendu *sine die* le 15 avril, sous la pression des Allemands, évitant ainsi au régime de Vichy de sombrer plus avant dans le ridicule.

Léon Blum avait été arrêté en septembre 1940. Après la suspension du procès de Riom, il est livré aux Allemands et déporté à Buchenwald, dans une petite maison à proximité du camp de concentration. Il y restera jusqu'à l'évacuation du camp en avril 1945.

7 mai 1942
La bataille de la mer de Corail

PACIFIQUE / VIE MILITAIRE

CETTE BATAILLE AÉRONAVALE MARQUE UN COUP D'ARRÊT À L'EXPANSION JAPONAISE DANS LE PACIFIQUE.

Au début de l'année 1942, les Japonais ont conquis la Malaisie, les Philippines, les Indes néerlandaises et la Thaïlande, établissant autour de leur empire un vaste périmètre de sécurité.

CONTRÔLER L'AUSTRALIE

Au mois de mai, les Japonais veulent sécuriser le Pacifique sud : le nord de l'Australie ne doit pas servir de base aux Alliés. Impossible cependant de lancer une invasion. L'état-major décide de s'emparer de Tulagi, dans les îles Salomon, et de Port Moresby, en Nouvelle-Guinée, deux bases qui mettront le nord de l'Australie à portée des avions japonais.
La première opération est sans difficultés : le 3 mai, Tulagi est aux mains des Japonais. Mais les Américains ont intercepté le message annonçant la deuxième opération et envoient deux gros porte-avions, accompagnés de destroyers et de croiseurs, pour empêcher le débarquement à Port Moresby.

UNE BATAILLE AÉRONAVALE

La bataille s'engage le 7 mai : avions torpilleurs et bombardiers japonais sont lancés contre la flotte ennemie. L'un des deux porte-avions américains, le *Lexington*, est coulé. Le 8 mai, les deux flottes, largement endommagées et affaiblies, décident de se retirer. Les Japonais renoncent au débarquement.

Victoire tactique pour les Japonais, qui essuient moins de pertes que leurs ennemis, la bataille de la mer de Corail est un succès moral pour les Américains qui déjouent pour la première fois une opération japonaise.

29 mai 1942
Le port obligatoire de l'étoile jaune

FRANCE / SOCIÉTÉ

L'OCCUPANT ALLEMAND IMPOSE À TOUS LES JUIFS DE PORTER UN SIGNE DISTINCTIF, QUI PERMET DE LES REPÉRER AU PREMIER COUP D'ŒIL.

Dès 1939, les juifs polonais ont l'obligation de porter un signe distinctif – un brassard blanc avec une étoile de David bleue. En septembre 1941, c'est au tour des juifs allemands, qui se voient imposer l'étoile jaune. La mesure est étendue au printemps 1942 à la Belgique, aux Pays-Bas et à la France.

EN ZONE OCCUPÉE

Selon l'ordonnance promulguée en France le 29 mai 1942, tous les juifs de six ans et plus doivent, en zone occupée, porter une étoile jaune, portant l'inscription « Juif », cousue visiblement sur les vêtements sur le côté gauche de la poitrine. Étape suivante, avec l'ordonnance du 8 juillet 1942 : les juifs se voient interdire l'accès à un certain nombre de lieux publics, notamment les théâtres et les cafés.

EN ZONE LIBRE

Vichy refusera d'imposer aux juifs de la zone libre le port de l'étoile jaune, considérée comme une marque infamante. À partir de l'invasion de la zone Sud le 11 novembre 1942, le mot « juif » sera cependant apposé sur les cartes d'identité et les cartes d'alimentation.

Le 7 juin, jour d'entrée en application de l'ordonnance allemande, quelques Parisiens, par solidarité, arborent une étoile détournée, portant la mention « Auvergnat », « Papou » ou « bouddhiste ». Ce geste vaudra à un certain nombre d'entre eux d'être arrêtés et emprisonnés.

4 juin 1942
La bataille de Midway

PACIFIQUE / VIE MILITAIRE

L'ÉCHEC JAPONAIS SUR MIDWAY, LA BASE NAVALE AMÉRICAINE, MARQUE UN TOURNANT DANS LA GUERRE DU PACIFIQUE.

L'attaque surprise sur Pearl Harbor le 7 décembre 1941 n'avait pas réussi à détruire la flotte américaine. Le 18 avril 1942, les Américains lancent, à partir de leurs porte-avions qui croisent dans le Pacifique, un premier bombardement sur Tokyo. Même si le « raid de Doolittle » ne fait que peu de dégâts, il a un impact psychologique important : le sol japonais n'était pas à l'abri de la guerre.

DÉTRUIRE LA FLOTTE AMÉRICAINE

Pour l'état-major japonais, il devient urgent de réduire à néant la flotte américaine. C'est l'objectif de l'attaque sur Midway, la base navale de l'archipel d'Hawaï la plus proche des côtes japonaises.

LE REPLI JAPONAIS

Pour protéger Midway, les Américains envoient trois porte-avions, et notamment le *Yorktown*, pourtant gravement endommagé lors de la bataille de la mer de Corail, mais réparé en un temps record. La flotte japonaise, privée de son meilleur porte-avion encore en réparation, subit de très lourdes pertes dans la bataille. Le 5 juin, à l'aube, l'amiral Yamamoto donne l'ordre du repli.

Le code japonais n'avait pas été totalement brisé et les Américains ne savaient pas si « AF » désignait les îles Aléoutiennes ou Midway. Les Américains annoncèrent donc à la radio un faux problème d'eau à Midway. L'information fut immédiatement relayée par les Japonais : « AF a un problème d'eau. » *Les Américains avaient donc leur réponse.*

16 juillet 1942
La rafle du Vel' d'hiv'

FRANCE / SHOAH

PRÈS DE 13 000 JUIFS ONT ÉTÉ RAFLÉS LE 16 ET 17 JUILLET 1942 : PLUS DU QUART DES 42 000 JUIFS DÉPORTÉS À AUSCHWITZ DEPUIS LA FRANCE.

Trois rafles avaient eu lieu en France entre mai et décembre 1941. En juillet 1942, les Allemands lancent une rafle à grande échelle dans plusieurs pays européens, sous le nom de code : « Vent printanier ». Prévue initialement le 13 juillet, la rafle, à Paris, est reportée après le 14 juillet : ils craignent que la population ne réagisse fortement s'ils opèrent le jour de la fête nationale.

DES ARRESTATIONS MASSIVES

9 000 policiers et gendarmes sont mobilisés dès le 16 juillet : 27 000 juifs – allemands, autrichiens, tchèques, russes et « apatrides », âgés de 16 à 60 ans pour les hommes, 55 ans pour les femmes – doivent être arrêtés à leur domicile.

DES FEMMES ET DES ENFANTS

Le 17 juillet au soir, 12 884 personnes ont été arrêtées : 4 000 enfants, près de 6 000 femmes, 3 000 hommes. Les rafles précédentes n'avaient concerné que les hommes, les femmes ne se sont donc pas méfiées. Quant aux enfants, c'est la police française qui obtient des autorités allemandes de les arrêter, sous prétexte d'« humanité » : ils prétendent ne pas vouloir les séparer de leur mère.

En attendant d'être transférés vers les camps de Drancy, Compiègne, Pithiviers ou Beaune-la-Rolande, puis vers Auschwitz, 7 000 juifs sont conduits au Vélodrome d'hiver, dans le 15e arrondissement. Ils y resteront cinq jours, sans nourriture et avec un seul point d'eau.

7 août 1942
Le lancement de l'offensive de Guadalcanal

PACIFIQUE / VIE MILITAIRE

AVEC CETTE OPÉRATION, LA GUERRE DU PACIFIQUE TOURNE DÉFINITIVEMENT À LA FAVEUR DES ALLIÉS.

Après la stratégie défensive déployée lors des batailles de la mer de Corail et de Midway, les Américains passent à l'offensive. Il s'agit de prendre aux Japonais l'île de Guadalcanal et les îles Salomon, que la marine impériale japonaise voulait transformer en base stratégique majeure pour entraver les relations maritimes entre les États-Unis et l'Australie.

LA PRISE DE L'AÉRODROME

L'opération commence le 7 août. Le débarquement de 16 000 hommes prend les Japonais, qui n'étaient eux-mêmes arrivés que début juillet, par surprise. Les *marines* américains s'emparent rapidement de l'aérodrome Henderson, dont la défense devient un enjeu majeur dans les premières semaines de la bataille.

L'ÉLARGISSEMENT DU PÉRIMÈTRE

À partir de septembre, les Américains cherchent à élargir leur périmètre. Les attaques aériennes, les batailles navales et les débarquements se succèdent des deux côtés : début décembre, il y a 60 000 soldats américains sur l'île, contre seulement 8 000 Japonais, décimés en partie par la malnutrition et la malaria. Alors qu'une nouvelle offensive est lancée par les Américains le 10 janvier 1943, les Japonais battent en retraite : les derniers seront évacués le 7 février.

Cette bataille a revêtu une importance stratégique considérable. Les Alliés entament la reconquête du Pacifique sous domination japonaise.

4 novembre 1942
La percée d'El-Alamein

Afrique / Vie militaire

À El-Alamein, en Égypte, les Alliés remportent une victoire décisive dans la « guerre du désert ».

La « guerre du désert » avait commencé dès le mois de septembre 1940 : les Italiens, qui rêvent d'un vaste empire africain allant de leur colonie libyenne à l'Éthiopie conquise en 1936, attaquent l'Égypte, défendue par les Anglais. Très vite en difficulté, les troupes italiennes sont rejointes en février 1941 par le général allemand Rommel et son « Afrikakorps ».

À l'ouest d'Alexandrie

Fin juin 1942, les troupes britanniques se sont repliées à El-Alamein, à l'ouest d'Alexandrie. Rommel lance une première offensive le 1er juillet. Malgré les attaques et les contre-attaques dans les quatre semaines qui suivent, il n'y a ni vainqueur ni vaincu. Les deux armées se retranchent derrière leurs positions, protégées par des fossés, des barbelés et des mines anti-chars, en attendant les renforts.

L'offensive britannique

Le 23 octobre, le général Montgomery lance l'offensive, contraignant les troupes italo-allemandes au repli, vers la Libye, puis vers la Tunisie : elles veulent éviter d'être prises en tenaille entre l'armée d'Égypte et les Anglo-Américains qui viennent de débarquer en Afrique du Nord. Les troupes italo-allemandes seront boutées hors d'Afrique en mai 1943.

Le rôle du général Rommel dans la guerre du désert lui vaudra le surnom de « renard du désert ». Avant de prendre la tête de l'Afrikakorps, il avait participé à la campagne de France en 1940.

8 novembre 1942
Le débarquement allié en Afrique du Nord

AFRIQUE / VIE MILITAIRE

LE MAROC ET L'ALGÉRIE, ALORS SOUS L'AUTORITÉ DE VICHY, BASCULENT DANS LE CAMP ALLIÉ.

Au printemps 1942, les Allemands ont pénétré en profondeur en URSS : ils sont aux portes de Stalingrad. Staline réclame l'ouverture d'un second front pour soulager les troupes soviétiques. Dans la stratégie des Alliés, c'est la position britannique qui l'emporte : plutôt que frapper les forces allemandes en plein cœur, sur le sol européen, il faut prendre possession des régions périphériques. L'Afrique du Nord a un autre avantage : elle pourra servir de base pour un débarquement en Europe du Sud.

L'OPÉRATION TORCH

L'opération Torch, qui vise principalement Casablanca, Oran et Alger, est préparée sur place par des négociations avec les autorités vichystes et des contacts avec les Résistants.

LA RÉSISTANCE DE L'AMIRAL DARLAN

Le débarquement est moins facile que prévu : si Alger est prise en un jour grâce à l'aide des Résistants, les Anglo-Américains se heurtent à des troupes françaises galvanisées par l'amiral Darlan, qui se trouve par hasard en visite à Algérie. Le cessez-le-feu est finalement signé au Maroc le 11 novembre.

C'est à Casablanca que le Premier ministre britannique Winston Churchill et le président américain Franklin D. Roosevelt se retrouvèrent en janvier 1943 pour préparer la libération complète de l'Afrique du Nord – la Tunisie est alors encore aux mains des Allemands – et l'invasion de la Sicile.

11 novembre 1942

L'occupation de la zone libre

France / Combats

Mesure de rétorsion à la suite du débarquement allié en Afrique du Nord : l'armée allemande occupe la zone Sud de la France.

Le 11 novembre 1942, la zone libre – aussi appelée « zone nono » (non occupée) –, n'est plus. Deux jours plus tôt, les Anglo-Américains ont réussi à débarquer en Afrique du Nord et à faire basculer le Maroc et l'Algérie dans le camp allié.

Le danger de la Méditerranée

Hitler prend toute la mesure de ce débarquement destiné à créer une base rapprochée pour un futur débarquement sur le sol européen. La réaction est immédiate : la Wehrmacht franchit la zone de démarcation et occupe la zone libre. La justification officielle ? Aider les Français à protéger les côtes méditerranéennes d'une attaque ennemie.

L'occupation italienne

L'Italie, depuis l'armistice signé avec la France le 24 juin 1940, occupait quelques zones frontalières, et notamment Menton. Elle profite de l'invasion allemande pour s'emparer de Nice et obtient la zone d'occupation qu'elle convoitait depuis le début de la guerre : tout le quart sud-est, jusqu'au Rhône, et la Corse. Ces territoires passeront sous contrôle allemand en septembre 1943, après la capitulation italienne.

La ligne de démarcation, qui coupait la France en deux depuis l'armistice de 1940 et qui nécessitait un laissez-passer délivré par les autorités allemandes, ne disparaît en réalité que le 1er mars 1943. Et il restera encore jusqu'à la Libération 14 points de contrôle sur son tracé.

27 novembre 1942
Le sabordage de la flotte de Toulon

FRANCE / VIE MILITAIRE

PLUTÔT QUE DE TOMBER AUX MAINS DES ALLEMANDS, LA FLOTTE DE GUERRE DE TOULON SE SABORDE.

Le 27 novembre 1942, les troupes allemandes pénètrent dans le fort Lamalgue, à Toulon, et arrêtent l'amiral Marquis, préfet maritime. C'est l'opération Lila : les Allemands cherchent à s'emparer de la flotte de guerre française. Immédiatement, le contre-amiral Robin donne l'ordre du sabordage. L'amiral Laborde, sur le *Strasbourg*, s'exécute.

UN ACCORD NON RESPECTÉ

La zone libre avait été envahie le 11 novembre 1942 en réplique au débarquement allié en Afrique du Nord, mais Toulon ne devait pas être occupée. Les Allemands avaient passé un accord avec les amiraux : la défense de la place forte était déléguée par les armées occupantes à la Marine ; en échange, celle-ci n'entreprendrait aucune action contre l'Axe, elle défendrait le port contre les Anglo-Saxons et les « Français ennemis du gouvernement du Maréchal ».

UNE DESTRUCTION MASSIVE

En dépit de cet accord, les armées allemandes lancent l'offensive sur Toulon. Mais ils ne peuvent empêcher le sabordage de 90 % de la flotte de guerre. Seuls 39 bâtiments, mais pour la plupart sabotés ou endommagés, tombent entre leurs mains.

Plutôt que se saborder, la flotte aurait pu appareiller et gagner l'Algérie, répondant ainsi à l'appel du général de Gaulle et de l'amiral Darlan. Seuls trois sous-marins firent ce choix-là.

24 janvier 1943
La clôture de la conférence de Casablanca

MONDE / DIPLOMATIE

LA CONFÉRENCE DE CASABLANCA, AUTREMENT APPELÉE CONFÉRENCE D'ANFA DU NOM DE L'HÔTEL OÙ ELLE FUT TENUE, RÉUNIT CHURCHILL, ROOSEVELT, LE GÉNÉRAL DE GAULLE ET LE GÉNÉRAL GIRAUD.

Difficile de réunir tous les protagonistes de cette conférence : Staline y avait été convié par Churchill et Roosevelt, mais avait décliné l'invitation. De Gaulle, qui devait y rencontrer le général Giraud, à la tête du Commandement civil et militaire d'Alger, n'accepta que sous la menace de Churchill de couper toutes les aides à la France libre.

La rencontre Giraud-de Gaulle

L'objectif des Anglo-Américains est de pousser le général de Gaulle et le général Giraud à un accord. Leur soutien va au second, qui commande beaucoup plus d'hommes, et à qui ils estiment que de Gaulle aurait dû faire allégeance. Aucun accord ne fut trouvé. Il faut attendre le mois de juin 1943 pour que les négociations aboutissent, à Alger, à la création du Comité français de libération nationale, co-présidé par les deux hommes.

La poursuite de la guerre

La conférence portait également sur la poursuite de la guerre. La décision fut prise : le débarquement en Sicile interviendrait dès que l'Afrique du Nord serait passée entièrement sous contrôle allié.

De cette conférence, il reste une photo de poignée de main entre Giraud et de Gaulle – une poignée de main qui sacrifie aux apparences et cache le désaccord profond entre les deux hommes.

27 janvier 1943
L'unification de la Résistance

FRANCE / RÉSISTANCE

APRÈS UN DÉBUT DE COORDINATION, LA RÉSISTANCE PASSE À L'UNIFICATION.

Le 27 janvier 1943 naissent les « Mouvements unis de Résistance », rassemblant Combat, Libération-Sud et Franc-Tireur.

UNE NOUVELLE ORGANISATION

À sa tête, un comité directeur, présidé par Jean Moulin, avec trois commissaires – aux Affaires militaires, aux Affaires politiques, aux Renseignements et à l'Administration –, qui ne sont autres que les chefs des trois mouvements : Henri Frenay, Emmanuel d'Astier de La Vigerie et Jean-Pierre Lévy. La zone Sud est divisée en six régions, dirigée chacun par le représentant du mouvement le plus important.

DE LA COORDINATION À L'UNION

C'est là une étape importante dans l'organisation de la Résistance. Il y avait depuis novembre 1942 un Comité de coordination des mouvements de la zone Sud, chargé de transmettre les instructions venant de Londres ; auparavant, des services communs aux différents mouvements avaient été mis en place, comme le Bureau d'information et de propagande. Mais les MUR vont bien au-delà. L'occupation de la zone Sud, en novembre 1942, qui oblige les Résistants à encore plus de précautions, a accéléré le processus d'unification.

La Résistance est née au départ d'initiatives individuelles et isolées. Les Résistants se regroupent progressivement, créant de véritables mouvements. Certains fusionnent par la suite : ainsi de Combat, né en 1941 de l'absorption de Liberté par le Mouvement de libération nationale.

30 janvier 1943
La création de la Milice

FRANCE / POLITIQUE

LA MILICE A POUR MISSION DE TRAQUER TOUS LES OPPOSANTS AU RÉGIME DE VICHY ET À L'OCCUPANT ALLEMAND.

« Contre la lèpre juive. Pour la pureté française. » Tel était l'un des 21 points du serment prêté par les Miliciens. Un slogan emblématique de l'organisation dirigée par Joseph Darnand, destinée à traquer les juifs, mais aussi les Résistants, les maquisards et les réfractaires du STO. Fusillant, torturant, massacrant tous ceux qui sont considérés comme les ennemis du régime de Vichy, les Miliciens deviennent des forces auxiliaires de l'occupant et notamment de la Gestapo.

UN ÉTAT POLICIER

La création de la Milice, fin janvier 1943, est emblématique de la radicalisation d'un régime qui se transforme en État policier. Elle répond aux demandes faites par Hitler à l'automne 1942 au chef de gouvernement, Pierre Laval, lui-même partisan d'une politique de collaboration encore plus active : la France doit renforcer la lutte « contre le terrorisme », autrement dit la Résistance.

UNE INFLUENCE CROISSANTE

En décembre 1943, le chef de la Milice, Joseph Darnand, devient secrétaire général au Maintien de l'ordre au sein du gouvernement. La Milice intègre des forces de police régulières. En juin 1944, elle contrôle à peu près 80 000 hommes.

À la fois mouvement politique fascisant et organisation paramilitaire, la Milice avait pour emblème un gamma, signe du bélier symbolisant le renouveau et l'énergie.

2 février 1943
La capitulation de Stalingrad

EUROPE / VIE MILITAIRE

C'EST LE DÉBUT DU REFLUX DE L'ARMÉE ALLEMANDE SUR LE FRONT DE L'EST.

Le 2 février 1943, le général allemand Von Paulus, qui avait été capturé deux jours plus tôt, signait la capitulation auprès du Haut Commandement soviétique. La bataille de Stalingrad prenait fin, après six mois de combats acharnés.

UN ENJEU SYMBOLIQUE

L'offensive allemande sur Stalingrad avait été lancée dès la fin du mois de juin 1942. L'enjeu était de taille : non seulement le succès ouvrirait l'accès aux réserves de pétrole du Caucase, mais c'était là la ville de Staline, un symbole essentiel.

DE RUDES COMBATS DE RUE

Après les premiers affrontements, aux abords de Stalingrad, puis une campagne d'intenses bombardements à partir de la fin du mois de juillet, les armées de Von Paulus pénètrent dans une ville en ruines le 5 septembre. Commencent alors de rudes combats de rue, à coup d'embuscades et de manœuvres de tireurs isolés. À la mi-novembre, les Allemands ont pris le contrôle de l'essentiel de la ville, quand les Soviétiques déclenchent une formidable contre-offensive : l'armée de Von Paulus, prise au piège dans la ville et coupée de ses ravitaillements, n'aura d'autre issue que la capitulation. Les Allemands ont perdu 140 000 hommes, les Soviétiques 200 000. 95 000 soldats allemands ont été faits prisonniers.

C'était la première fois dans la guerre qu'un général allemand est capturé et signe la capitulation. L'armée allemande n'apparaît désormais plus comme invincible.

16 février 1943
L'instauration du STO

France / Société

Le Service du travail obligatoire sert à alimenter en main-d'œuvre les usines de guerre allemandes.

Au printemps 1942, l'Allemagne réclame 350 000 travailleurs à la France pour participer à l'effort de guerre : il faut compenser la pénurie de main-d'œuvre des usines allemandes, liée à la mobilisation des hommes sur le front, et répondre aux besoins de production dans une guerre devenue totale.

La Relève

Le gouvernement de Vichy commence par créer la Relève, le 22 juin 1942 : le départ de trois ouvriers spécialisés, sur la base du volontariat, permettra le retour d'un prisonnier de guerre.

STO et maquis

Le manque de succès de la mesure – à peine 17 000 travailleurs se sont portés volontaires à la fin du mois d'août 1942 – conduit les autorités à mettre en place, par la loi du 16 février 1943, un Service du travail obligatoire. Le STO est fondé sur le principe du service militaire, les jeunes hommes sont réquisitionnés par classes d'âge entières pour une durée de deux ans. Les réfractaires sont en nombre croissant à partir de l'été 1943 : beaucoup décident de prendre le maquis plutôt que de partir travailler en Allemagne.

Ce sont au total 650 000 Français qui auront travaillé dans les usines et les fermes allemandes, faisant de la France le 3e plus gros fournisseur de main-d'œuvre en Europe, après l'URSS et la Pologne.

Le STO s'est d'abord appelé « Service obligatoire du travail ». Mais devant les moqueries suscitées par l'acronyme (SOT), il a très vite été rebaptisé.

19 avril 1943

Le soulèvement du ghetto de Varsovie

Pologne / Résistance

Le ghetto décide d'empêcher de nouvelles déportations.

Le 19 avril 1943, les forces allemandes pénètrent dans le ghetto de Varsovie : l'objectif est de procéder à une dernière déportation. Le quartier avait atteint jusqu'à 450 000 habitants : il n'en compte plus que 40 000.

La préparation de l'insurrection

Les juifs du ghetto sont bien décidés à résister. Depuis le mois de janvier, où ils ont réussi à arrêter une deuxième vague de déportation – la première déportation vers Treblinka avait eu lieu le 22 juillet 1942 –, ils se sont préparés. Organisés dans l'Union militaire juive et l'Organisation juive de combat, ils ont transformé les caves en bunkers. Ils sont 3 000 environ à prendre part à l'insurrection. 600 à peine sont armés.

Une résistance acharnée

Le combat est inégal, mais les juifs ont la connaissance du terrain. Ils passent d'un immeuble à l'autre, en abattant les murs. Au troisième jour, les Allemands font venir les blindés et commencent à incendier les immeubles, l'un après l'autre, pour faire sortir les habitants.
Malgré les efforts déployés et leur énorme supériorité matérielle, il faudra aux Allemands près d'un mois pour venir à bout de la résistance. Le 16 mai 1943, l'insurrection est matée, les survivants déportés. Le ghetto, en ruine, est rasé.

L'insurrection n'avait aucune chance de succès. Mais cette résistance, désespérée et héroïque, pour la dignité du peuple juif, eut un retentissement important.

27 mai 1943
La création du Conseil national de la Résistance

France / Résistance

Après l'unification des mouvements de la zone Sud, Jean Moulin crée le Conseil national de la Résistance pour la France entière.

C'est à Paris, dans le 6e arrondissement, rue du Four, que se tient, le 27 mai 1943, la première séance plénière du Conseil national de la Résistance.

Un parlement clandestin

Le CNR regroupe huit mouvements de Résistance, deux syndicats et six partis politiques. Au-delà des objectifs militaires de libération de la France, il a pour mission de préparer l'après-guerre. D'où la nécessité d'intégrer les partis politiques, qui doivent retrouver une crédibilité largement entamée par le vote des pleins pouvoirs à Pétain le 10 juillet 1940. Le CNR joue le rôle de parlement clandestin.

Le rôle de Jean Moulin

Jean Moulin aura été le grand artisan du CNR. Retourné à Londres en février 1943 pour rendre compte à de Gaulle de sa mission entamée en 1942, il revient en France le 21 mars 1943 sous le nom de Max. Il doit vaincre les réticences d'un certain nombre de chefs de la Résistance, qui considèrent que les Mouvements ont en quelque sorte remplacé les partis politiques discrédités.

Le CNR ne sera pas remis en cause par l'arrestation, en juin 1943, de Jean Moulin, qui n'a rien révélé. Mais les séances plénières, considérées comme trop risquées, seront remplacées par un bureau exécutif de cinq membres.

3 juin 1943
Le Comité français de libération nationale

FRANCE / RÉSISTANCE

LA CRÉATION DU CFLN EST LA PREMIÈRE ÉTAPE VERS UN GOUVERNEMENT PROVISOIRE REPRÉSENTANT LA FRANCE COMBATTANTE.

Il y avait jusque-là deux autorités françaises participant à la guerre aux côtés des Alliés : le Comité national français de Londres, mis en place par le général de Gaulle en septembre 1941, et le Commandement civil et militaire d'Alger, dirigé par le général Giraud, créé à la suite du débarquement allié du 8 novembre 1942.

LA FUSION

En juin 1943, ces deux organes fusionnent pour former un Comité français de libération nationale unique, préfiguration d'un futur gouvernement, seul capable de défendre les intérêts de la France dans le camp allié.

D'ÂPRES NÉGOCIATIONS

Les premières négociations entre de Gaulle et Giraud avaient commencé à Casablanca, en janvier 1943. À Alger, où de Gaulle est arrivé le 30 mai 1943, c'est le bras de fer entre les deux hommes. Le chef de la France libre se montre intraitable sur la séparation du pouvoir civil et militaire et sur le limogeage des proconsuls vichystes encore en place.
Finalement, un accord est trouvé et le 3 juin, le CFLN voit le jour : concentrant les pouvoirs exécutif et législatif, détenant les prérogatives diplomatiques, le comité est co-présidé par de Gaulle et Giraud.

Giraud et de Gaulle sont rarement d'accord et la dyarchie est, pour le CFLN, une source de paralysie. Elle prend fin en novembre 1943 : de Gaulle devient le seul président.

21 juin 1943
L'arrestation de Jean Moulin

FRANCE / RÉSISTANCE

JEAN MOULIN EST ARRÊTÉ À LYON PAR LA GESTAPO DANS DES CIRCONSTANCES QUI N'ONT JAMAIS ÉTÉ TOTALEMENT ÉLUCIDÉES.

Le 21 juin 1943, Jean Moulin a convoqué les représentants de la Résistance en zone Sud à Caluire, dans la banlieue de Lyon, chez le docteur Dugoujon.

UNE RÉUNION SECRÈTE

Le général Delestraint, chef de l'Armée secrète depuis août 1942, a été arrêté par la Gestapo le 9 juin. En attendant que le général de Gaulle nomme un successeur, il est urgent de prendre des mesures : Raymond Aubrac et André Lassagne, tous deux à la réunion, deviendraient inspecteurs, l'un de la zone Nord, l'autre de la zone Sud.

L'IRRUPTION DE LA GESTAPO

Alors que Jean Moulin se trouve dans la salle d'attente, la Gestapo fait irruption. Tous sont arrêtés à l'exception de René Hardy, membre de Combat, qui réussit à s'échapper. Les circonstances de l'arrestation ne sont pas clairement élucidées : trahison ou simple imprudence ? René Hardy avait été arrêté quelques jours plus tôt par la Gestapo avant d'être relâché et n'en avait pas averti les autres…

Emprisonné au fort de Montluc, torturé par le chef de la Gestapo, Klaus Barbie, Jean Moulin ne parlera pas. Avant que ses camarades n'aient pu le faire évader, il est transféré à Paris. Il meurt dans le train qui le transportait en Allemagne le 8 juillet 1943. En 1944, son corps est rapatrié en 1944 et incinéré au Père-Lachaise. Ses cendres seront transférées au Panthéon en 1964.

10 juillet 1943
Le débarquement de Sicile

Europe / Vie militaire

Premier débarquement sur le continent européen, le débarquement en Sicile permet de prendre le contrôle de l'île en cinq semaines.

Le 13 mai 1943, la campagne de Tunisie est terminée, l'Afrique du Nord est entièrement aux mains des Alliés. Reste à mettre en œuvre le débarquement sur le continent européen, décidé lors de la conférence de Casablanca en janvier 1943.

La Sicile plutôt que la Manche

C'est la Sicile qui a finalement été choisie pour le débarquement : l'occupation de l'île permettra le contrôle d'une majeure partie de la Méditerranée. En frappant directement l'Axe, le débarquement obligera les Allemands à faire appel à une partie de leurs troupes du front de l'Est, soulageant d'autant l'armée soviétique.

Deux points principaux de débarquement

Le débarquement a lieu dans la nuit du 9 au 10 juillet, dans des conditions météorologiques épouvantables, sur deux points principaux : les Britanniques et les Canadiens au Sud-Est ; les Américains au Sud-Ouest.
Les premiers progressent rapidement le long de la côte, en direction de Syracuse et de Catane, pendant que les seconds remontent vers Palerme, où ils entrent le 22 juillet. La chute de Messine, le 17 août 1943, marque le succès de l'opération de Sicile.

Les Alliés avaient réussi à faire croire aux Italiens et aux Allemands que le débarquement aurait lieu en Sardaigne et que l'opération en Sicile ne serait qu'une diversion. Il ne restait sur l'île que deux divisions allemandes.

13 juillet 1943
L'arrêt de l'offensive de Koursk

EUROPE / VIE MILITAIRE

LA BATAILLE DE KOURSK EST LA DERNIÈRE OFFENSIVE LANCÉE PAR HITLER SUR LE FRONT DE L'EST.

Au niveau de Koursk, au sud-ouest de la Russie, à la limite de l'Ukraine, les lignes soviétiques formaient une avancée : elles s'étaient imprudemment enfoncées dans le dispositif allemand. Une opportunité rêvée pour les Allemands d'encercler l'Armée rouge et de l'anéantir…

LA PERCÉE ALLEMANDE

L'opération Zitadelle est lancée le 5 juillet 1943. Pour mettre en œuvre la stratégie de la Blitzkrieg, l'attaque-éclair fondée sur les chars et l'aviation, il fallait attendre que le début de l'été ait séché la terre. Ce délai permit aux Soviétiques de préparer leur contre-offensive. Les chars allemands, avec les redoutables Tigres, réussissent à percer les lignes soviétiques, mais se heurtent à d'énormes concentrations de blindés soviétiques.

LE COUP D'ARRÊT

Alors que l'issue de la bataille est encore incertaine, le 13 juillet, et que le général von Manstein réclame des renforts, Hitler donne l'ordre d'arrêter l'offensive : il faut envoyer des troupes en Sicile, où les Anglo-Américains viennent de débarquer. Les Soviétiques vont pouvoir lancer une formidable contre-offensive…

À chaque point d'attaque, les chars soviétiques sont là à attendre les Allemands. C'est que les services secrets britanniques ont réussi à briser le code d'Enigma, la machine de cryptage allemande, que les services secrets britanniques ont récupéré eux aussi : les messages allemands sont désormais limpides.

27 juillet 1943
Le paroxysme du bombardement de Hambourg

ALLEMAGNE / VIE MILITAIRE

LE BOMBARDEMENT DE HAMBOURG EST, AVEC CELUI DE DRESDE, L'ATTAQUE AÉRIENNE LA PLUS MEURTRIÈRE DE TOUTE LA GUERRE EN EUROPE.

L'opération avait pour nom de code « Gomorrhe », cette ville biblique dépravée, détruite comme Sodome par le feu et le soufre. Pour les Allemands, elle est restée « la catastrophe de juillet 1943 ». En Grande-Bretagne, on parle du « Hiroshima allemand ».

UNE VOLONTÉ DE DESTRUCTION MASSIVE

Huit jours et quatre nuits d'intenses bombardements, atteignant leur paroxysme dans la nuit du 27 au 28 juillet, et 40 000 victimes : l'objectif de l'opération menée par les Américains et les Britanniques était de détruire Hambourg, deuxième ville et premier port du pays, pour réduire les capacités militaro-industrielles allemandes et porter un coup décisif au moral de l'ennemi.

SOULAGER LES FORCES SOVIÉTIQUES

Car Staline avait réclamé à ses alliés occidentaux l'ouverture d'un front à l'ouest pour soulager ses troupes. Une tentative de débarquement paraissait prématurée. Les Anglo-Américains proposent donc une campagne de bombardements stratégiques sur l'Allemagne : ce sera Lübeck et Cologne en 1942, Hambourg en 1943, et d'autres bombardements plus ponctuels, jusqu'à Dresde en février 1945.

7 raids aériens, près de 9 000 tonnes de bombes larguées par 2 700 avions : les incendies ravagent la ville, détruisant 350 000 habitations et faisant 1 million de civils sans abri.

8 septembre 1943
L'armistice italien

EUROPE / VIE MILITAIRE

DEUX SEMAINES APRÈS LE DÉBARQUEMENT EN SICILE, MUSSOLINI EST ARRÊTÉ ET LE GOUVERNEMENT ITALIEN CHERCHE UN ARMISTICE AVEC LES ALLIÉS.

L'armistice entre l'Italie et les forces anglo-américaines est annoncé à la radio par le général Eisenhower le 8 septembre 1943. En réalité, il a été signé cinq jours plus tôt, le 3 septembre, mais a été tenu secret pour éviter le nouvel afflux de troupes allemandes que la nouvelle ne peut que provoquer…

LE DÉBUT DES NÉGOCIATIONS

Les négociations ont commencé fin juillet, à Lisbonne, à la demande du maréchal Badoglio qui a pris la direction du gouvernement. Mussolini avait été relevé de ses fonctions par le Grand Conseil du fascisme le 25 juillet et assigné à résidence par le roi Victor-Emmanuel III.

UNE LONGUE RECONQUÊTE

L'armistice entre en vigueur au moment où, depuis la Sicile, les Alliés pénètrent dans la péninsule. Le roi, la cour et le gouvernement partent pour Brindisi se mettre sous leur protection. La reconquête de la péninsule, défendue par les Allemands, sera longue : les Anglo-Américains ne font leur entrée à Rome que le 4 juin 1944 et les derniers combats ont lieu en avril 1945.

Hitler n'entendait pas laisser l'Italie sortir de la guerre. Il fait délivrer Mussolini le 11 septembre 1943 et le réinstalle en Italie du Nord, à Salo sur le lac de Garde, à la tête d'une « République sociale italienne ». Le Duce sera exécuté par les Partisans le 28 avril 1945.

17 septembre 1943

La création d'une Assemblée consultative à Alger

FRANCE / POLITIQUE

TROIS MOIS APRÈS LA CRÉATION DU COMITÉ FRANÇAIS DE LIBÉRATION NATIONALE, UN DEUXIÈME ORGANE EST CRÉÉ À ALGER : L'ASSEMBLÉE CONSULTATIVE.

Deuxième étape, après la constitution du Comité français de libération nationale (CFLN), sur la voie du rétablissement de la démocratie française : la mise en place, à Alger, d'une Assemblée consultative. Bien évidemment, cette assemblée n'a pas pu être élue, elle a été simplement désignée.

TROIS GROUPES

Elle regroupe à la fois des représentants de la Résistance – de métropole et des colonies –, des représentants des partis ayant voté contre les pleins pouvoirs à Pétain le 10 juillet 1940, appartenant à différentes familles politiques, et des représentants des colonies en guerre.

UN RÔLE CONSULTATIF

Créée le 17 septembre 1943, l'Assemblée se réunit pour la première fois à Alger, au palais des Délégations financières, le 3 novembre 1943. Pour être à l'image de celle de l'Assemblée, le CFLN voit sa composition modifiée. L'Assemblée est là pour interpeller le Comité. Jusqu'au mois d'août 1944, elle tiendra une cinquantaine de séances, débattant notamment des questions des secours à envoyer aux maquis, du châtiment des collaborateurs, de l'organisation des pouvoirs publics à la Libération.

Les trois groupes qui composent l'Assemblée ne sont pas représentés de façon égale : l'avantage est aux Résistants, au nombre de 70, alors que les parlementaires ne sont que 20.

28 novembre 1943
L'ouverture de la conférence de Téhéran

MONDE / DIPLOMATIE

PREMIÈRE RENCONTRE ENTRE LES TROIS GRANDS, LA CONFÉRENCE DE TÉHÉRAN VISE À COORDONNER LES OPÉRATIONS MILITAIRES À VENIR.

Depuis l'attaque japonaise sur Pearl Harbor, le président américain Franklin D. Roosevelt souhaitait rencontrer le dirigeant soviétique. Mais Staline s'était toujours dérobé et Churchill, craignant pour les intérêts de l'Empire britannique, avait cherché à éviter que ces deux chefs d'État anticolonialistes ne se rencontrent seul à seul. Staline finit par imposer le lieu – l'Iran, occupé depuis 1941 par l'URSS et la Grande-Bretagne – et le moment – au début de la pause hivernale sur le front de l'Est.

Le débarquement en France

L'objectif essentiel est de coordonner la suite des opérations militaires. Contre la position britannique qui voulait privilégier une offensive sur la Méditerranée, Roosevelt et Staline imposent l'idée d'un débarquement dans le nord de la France, au mois de mai 1944. L'URSS s'engage par ailleurs à entrer en guerre contre le Japon sitôt l'Allemagne défaite.

La préparation de l'après-guerre

Staline accepte par ailleurs le principe de la création d'une organisation internationale, évoquée déjà dans la Charte de l'Atlantique. Les Alliés abordent la question du démembrement de l'Allemagne et du déplacement des frontières polonaises.

La conférence de Téhéran donne lieu à un communiqué anodin. Le détail des négociations ne sera connu qu'après la guerre...

15 mars 1944

Le programme du Conseil national de la Résistance

FRANCE / RÉSISTANCE

LE PROGRAMME DU CONSEIL NATIONAL DE LA RÉSISTANCE PORTE EN GERME LES PRINCIPAUX ACQUIS SOCIAUX DE L'IMMÉDIAT APRÈS-GUERRE.

Il aura fallu plusieurs mois de négociations et de nombreux allers-retours entre la France, Londres et Alger, pour que le programme du CNR voit finalement le jour le 15 mars 1944, à l'issue d'une assemblée plénière. Approuvé à l'unanimité par ses membres, quel que soit leur bord politique, le programme comporte deux volets : « un plan d'action immédiate contre l'oppresseur et les mesures destinées à instaurer, dès la Libération du territoire, un ordre social plus juste ».

UNE DÉMOCRATIE SOCIALE

Dans sa deuxième partie, le texte prévoit l'épuration des collaborateurs et l'interdiction des journaux collaborationnistes, proclame haut et fort la liberté de pensée et la liberté de la presse. Il propose – et c'est là que réside son importance historique – l'instauration d'une véritable démocratie sociale : mise en place d'un système de sécurité sociale, comprenant assurance santé et régime de retraite par répartition, et nationalisations de l'énergie, des assurances et des banques.

LA MISE EN ŒUVRE

Ce programme commencera à être mis en œuvre dès la Libération, en 1944. La Sécurité sociale voit le jour en 1945, le Salaire minimum interprofessionnel garanti (SMIG) en 1947.

Le programme du CNR imprimé à 200 000 exemplaires par Libération-Sud à Toulon, en mai 1944, portera le titre prometteur : « Les Jours heureux ».

23 mars 1944
L'organisation des FFI

FRANCE / RÉSISTANCE

LA RÉSISTANCE INTÉRIEURE REGROUPE SES FORCES ARMÉES, POUR MIEUX PRÉPARER LA LIBÉRATION DE LA FRANCE.

Il y avait, depuis juillet 1940, les Forces françaises libres, créées à Londres par le général de Gaulle. Début 1944 sont instituées les Forces françaises de l'intérieur, placées le 23 mars sous le commandement du général en chef Koenig à Londres.

UNE STRUCTURE HIÉRARCHISÉE

Les groupes armés de Résistance s'étaient constitués spontanément sur le sol français. Des regroupements s'étaient déjà opérés : l'Armée secrète avait regroupé en 1942 les branches armées des mouvements de libération de la zone Sud Combat, Libération-Sud et Franc-Tireur. Avec la création des FFI, il s'agit non seulement d'unifier les différents groupes, mais aussi de les structurer de manière hiérarchique, pour qu'elles puissent mieux contribuer à la libération de la France.

LA RECONNAISSANCE LÉGALE

Étape suivante, le 9 juin, par une ordonnance promulguée à Alger par le tout nouveau Gouvernement provisoire de la République française, les FFI sont intégrées dans l'armée française : « Les FFI constituées par un soulèvement national contre l'occupant, en vue de la libération du territoire – considérées par l'ennemi comme Franc-Tireur – sont pourvues d'un statut légal. » Au nombre de 100 000 début 1944, les FFI sont 200 000 au mois de juin, 400 000 en octobre 1944.

Le général Eisenhower, commandant des forces alliées en Europe, estimera l'aide apportée par les FFI à la Libération à celle de 15 divisions régulières.

26 mars 1944
L'attaque du maquis des Glières

France / Vie militaire

Première bataille entre la Résistance et les Allemands, l'attaque des Glières a un retentissement considérable.

Les forces de Vichy avaient voulu réduire elles-mêmes ce maquis installé depuis janvier 1944 sur le plateau des Glières, en Haute-Savoie. Des combattants de l'Armée secrète et des Francs-Tireurs-et-Partisans s'étaient rassemblés autour de cette zone de parachutage d'armes qui devait devenir une base d'opérations essentielle pour le harcèlement des Allemands lors du débarquement.

L'attaque des Allemands

L'opération française ayant échoué, les Allemands décident d'intervenir eux-mêmes, avec tout de même l'aide de la Milice de Vichy. Ils préparent une attaque d'envergure, appuyée sur plusieurs milliers d'hommes, l'aviation et l'artillerie. Le rapport de force est disproportionné, les maquisards, qui sont moins de 500, n'ont aucune chance, mais le combat revêt une importance psychologique : il faut combattre pour l'honneur ! Mais sans sacrifier inutilement les hommes : dans la nuit du 26 au 27 mars, le capitaine Anjot décide l'évacuation.

Un grand retentissement

Abondamment relayée par Radio Londres, la bataille des Glières, pourtant une défaite, devient rapidement une légende : le symbole de la Résistance française.

Dans les mois suivants, le maquis des Glières est reconstitué et reçoit de nouveaux parachutages d'armes. La Haute-Savoie sera libérée dès le 19 août, avant même l'arrivée des troupes alliées.

3 juin 1944
La création du Gouvernement provisoire de la République française

FRANCE / POLITIQUE

LE COMITÉ FRANÇAIS DE LIBÉRATION NATIONALE, CRÉÉ EN JUIN 1943, DEVIENT GOUVERNEMENT PROVISOIRE.

Quelques jours avant le débarquement de Normandie, le Comité français de libération nationale prend le nom de Gouvernement provisoire de la République française (GPRF), faisant coïncider le titre avec le rôle que le Comité jouait dans les faits depuis un an.

LE PROJET D'AMGOT

L'enjeu est de taille : les Alliés prévoyaient de mettre en place en France, comme ils l'avaient fait déjà notamment en Italie, un gouvernement d'occupation, AMGOT (« Allied Military Government of Occupied Territories »), d'une durée d'un an. Immédiatement après le débarquement, les Américains mettent en circulation en Normandie des billets de banque – des billets verts, comme le dollar, libellés en francs – destinés à remplacer ceux émis sous l'occupation allemande.

UNE RECONNAISSANCE TARDIVE

Dès le 27 juin 1944, le général de Gaulle et le GPRF interdisent la circulation de ces « billets drapeau ». Il faudra attendre le 23 octobre 1944 pour que les États-Unis et les autres grandes puissances finissent par reconnaître ce gouvernement provisoire, qui s'était installé dans un Paris libéré le 31 août.

Le GPRF restera en place jusqu'à la mise en place des institutions prévues par la constitution de la IVe République, adoptée en octobre 1946, et l'élection de Vincent Auriol comme président le 16 janvier 1947.

6 juin 1944
Le débarquement de Normandie

FRANCE / LIBÉRATION

L'OPÉRATION OVERLORD VISE À INSTALLER UNE TÊTE DE PONT QUI PERMETTE UN ACCÈS RAPIDE JUSQU'AU CŒUR DE L'ALLEMAGNE.

« Les sanglots longs des violons de l'automne/ blessent mon cœur d'une langueur monotone. » C'est par ces vers de Verlaine que la BBC annonce début juin 1944 aux Résistants le débarquement imminent.

LE CHOIX DE LA NORMANDIE

Le débarquement est prévu non dans le Pas-de-Calais, comme le croient les Allemands suite à l'intense campagne de désinformation menée par les Alliés, mais sur les plages du Calvados et du Cotentin. Le lieu a l'avantage d'être à équidistance de toute la côte sud de l'Angleterre et d'avoir plusieurs ports en eau profonde, comme Cherbourg et le Havre, qui seront utiles aux Alliés. Pas question en revanche d'attaquer directement les ports, trop bien défendus.

D-DAY

Le débarquement, prévu initialement le 1er mai, sera finalement reporté au 5 juin – ce qui laisse un mois de plus pour la construction des barges –, puis au 6, en raison du mauvais temps. Ce jour-là, ce sont plus de 130 000 soldats qui débarquent, sans compter les 15 000 qui sont parachutés. Ils sont avant tout américains, britanniques et canadiens, mais aussi français, polonais, belges, tchécoslovaques, néerlandais et norvégiens.

Les Allemands avaient construit, à partir de 1942, un « mur de l'Atlantique », composé de batteries d'artillerie côtières, de bunkers et de champs de mines. Le dispositif n'aura pas réussi à empêcher le débarquement.

10 juin 1944
Le massacre d'Oradour-sur-Glane

FRANCE / LIBÉRATION

PAR MESURE DE REPRÉSAILLES, LES ALLEMANDS MASSACRENT LA POPULATION DE TOUT UN VILLAGE DU LIMOUSIN.

Le 6 juin, les Alliés ont débarqué en Normandie. Les Résistants tentent d'empêcher les troupes allemandes, appelées en renfort, de rejoindre le front et multiplient les attaques et les actes de sabotage. Les Allemands passent alors aux représailles : à Tulle, le 9 juin, 99 hommes sont pendus ; à Oradour-sur-Glane, près de Limoges, ce sont 642 personnes – hommes, femmes et enfants – qui sont massacrées le 10 juin 1940.

UNE DIVISION SS

La division SS « Das Reich » du général Lammerding arrive à Oradour en début d'après-midi. Le bourg est encerclé, la population appelée sur la place centrale pour un contrôle d'identité. Hommes et femmes sont séparés : les hommes sont conduits dans plusieurs granges du bourg, alors que les femmes et les enfants sont réunis dans l'église.

EXÉCUTIONS ET PILLAGE

Tous sont abattus ou finiront brûlés vif, à l'exception de six personnes, cinq hommes et une femme, qui réussissent à s'échapper. Les SS passent ensuite le village au peigne fin, à la recherche de ceux qui auraient réussi à se cacher, pillent et incendient les maisons, puis reprennent leur route vers la Normandie.

Village martyr, Oradour-sur-Glane a été conservé en l'état pour en faire un lieu de mémoire. Les rails du tramway qui venait de Limoges, les carcasses des voitures – rouillées – sont encore en place. Un nouveau village a été reconstruit quelques centaines de mètres plus loin au frais de l'État, en 1949.

26 juin 1944
L'ordonnance sur l'épuration

FRANCE / POLITIQUE

DÈS LES PREMIÈRES SEMAINES DE LA LIBÉRATION, LE GOUVERNEMENT PROVISOIRE CHERCHE À ENCADRER L'ÉPURATION.

Dès la Libération, l'épuration se met en place : spontanée, violente, née d'un désir de vengeance et de règlements de comptes, hors de tout cadre judiciaire, elle vise les collaborateurs ou ceux qui sont considérés comme tels. 10 000 personnes y trouvent la mort ; 20 000 femmes sont tondues et promenées dans les rues et les chemins, pour leur « collaboration horizontale » (leurs relations sexuelles avec des Allemands).

UNE ÉPURATION LÉGALE

Le Gouvernement provisoire de la République française encadre une épuration légale. Définie par l'ordonnance du 26 juin 1944, modifiée et complétée dans les mois suivants, elle vise à éviter que d'anciens collaborateurs n'occupent des postes à responsabilité.

DES TRIBUNAUX D'EXCEPTION

Des tribunaux d'exception, pour lesquels il n'existe pas d'appel, sont mis en place : Haute Cour de justice pour les membres du gouvernement – notamment Philippe Pétain, et Pierre Laval, qui sera condamné et exécuté le 15 octobre 1945 –, cours de justice et chambres civiques. L'ordonnance du 26 août 1944 crée le crime d'« indignité nationale », puni de « dégradation nationale ».

Les lois d'amnistie de 1947, 1951 et 1953 chercheront à tourner enfin la page de la guerre et permettre une réconciliation nationale. Les personnes punies de dégradation nationale retrouvent une partie de leurs droits civiques.

20 juillet 1944

La tentative d'assassinat de Hitler

ALLEMAGNE / POLITIQUE

L'ASSASSINAT DE HITLER DEVAIT PERMETTRE, DANS UN DEUXIÈME TEMPS, UN COUP D'ÉTAT À BERLIN.

Il s'agissait de poser une bombe dans le quartier général de Hitler, à Rastenburg, en Prusse orientale, et une fois le Führer mort, de prendre le pouvoir à Berlin… Le complot avait été préparé par un groupe d'officiers de la Wehrmacht ; son principal artisan était le chef d'état-major von Stauffenberg.

UNE SEULE EXPLOSION

Rien ne se passa comme prévu. Ce jour-là, la réunion ne fut pas tenue dans un abri bétonné comme à l'habitude, mais dans un baraquement en bois – ce qui sauva sans doute la vie à Hitler. Von Stauffenberg, dérangé dans ses préparatifs, ne put amorcer qu'une seule des deux bombes.

QUELQUES BLESSURES

Placée dans un porte-documents laissé sous la table, la bombe tua, en explosant, 5 des 24 personnes présentes. Mais Hitler ne fut blessé que superficiellement – essentiellement une blessure à la main droite et des brûlures sur le corps. Les lignes de communication n'avaient pas été coupées, permettant à la nouvelle de la survie d'Hitler de parvenir au plus vite à Berlin, rendant le coup d'État impossible. Von Stauffenberg fut fusillé le soir même. La répression fut féroce : pas moins de 5 000 personnes furent arrêtées à la suite de cet assassinat manqué.

Hitler avait déjà réchappé à plusieurs attentats, notamment à Munich en 1939 – où il était venu commémorer son « putsch de la brasserie » de 1923 mais d'où il était parti en avance –, et dans son avion, en mars 1943 – la bombe n'explosa pas.

21 juillet 1944
L'attaque de Vassieux-en-Vercors

FRANCE / LIBÉRATION

LE MAQUIS DU VERCORS DEVAIT JOUER UN RÔLE ESSENTIEL DANS LA LIBÉRATION DE LA FRANCE. IL EST ANÉANTI PAR LES ALLEMANDS FIN JUILLET 1944.

« C'est du ciel qu'ils attendaient leur salut, c'est du ciel qu'a surgi la mort », peut-on lire au Mémorial de la Résistance en Vercors, à Vassieux. Le Vercors, ce plateau alpin aux allures de forteresse naturelle, devait servir de « Cheval de Troie pour commandos aéroportés » et aider à la Libération de la France.

LE « PLAN MONTAGNARD »

En juin 1944, à la suite du débarquement de Normandie du 6 juin, le « Plan Montagnard » entre en action : toutes les issues du plateau, qui rassemble pas moins de 4 000 maquisards, sont verrouillées. On attend l'atterrissage des premiers avions alliés sur la piste construite à proximité de Vassieux-en-Vercors.

L'ATTAQUE ALLEMANDE

Mais les Allemands prennent les devants et attaquent le village le 21 juillet 1944. 22 planeurs le premier jour, suivis de 20 autres, arrivés en renfort deux jours plus tard quand les conditions météorologiques le permettent, et 15 000 hommes qui montent à l'assaut de la montagne. Le village finit incendié, 72 habitants – sur les 430 que comptait le village – sont mutilés, torturés et massacrés. 120 résistants subissent le même sort.

Vassieux-en-Verors, « martyr de sa foi en la résurrection de la Patrie », recevra en 1945 la Croix de la Libération et sera élevé au rang de village Compagnon de la Libération.

22 juillet 1944

Les accords de Bretton Woods

Monde / Économie

Dès 1944, les Alliés, sous la houlette des États-Unis préparent l'organisation économique de l'après-guerre.

C'est à Bretton Woods, sur la côte Est des États-Unis, que sont dessinées, en juillet 1944, les grandes lignes du système financier de l'après-guerre, lors d'une grande conférence qui réunit des représentants des 44 nations alliées – et un observateur soviétique.

La recherche de la stabilité

L'objectif est d'assurer le retour de la prospérité économique et d'éviter les dérèglements monétaires de l'entre-deux-guerres – notamment les nombreuses dévaluations suite à la crise de 1929 – qui ont indirectement contribué au conflit mondial. Les accords prévoient la mise en place d'un système monétaire international stable, fondé sur la coopération entre les pays et garanti sur l'or. Il accorde de fait une prééminence au dollar, seule monnaie alors convertible en or.

Le FMI

La clé de voûte de ce système est le Fonds monétaire international, qui en contrôle le fonctionnement et aide financièrement les États en difficultés. L'autre organisme créé à la conférence de Bretton Woods est la Banque internationale pour la reconstruction et le développement (BIRD).

Cette conférence voit s'opposer deux économistes majeurs : John M. Keynes, à la tête de la délégation britannique et Harry White, assistant au Trésor des États-Unis. C'est la vision du deuxième qui l'emportera finalement.

15 août 1944
Le débarquement de Provence

FRANCE / LIBÉRATION

APRÈS LA NORMANDIE, LA PROVENCE : CE DÉBARQUEMENT OUVRE UN SECOND FRONT SUR LE SOL FRANÇAIS.

Deux mois après avoir posé le pied sur les côtes de la Manche, les Alliés débarquent entre Cannes et Toulon. L'objectif est de remonter la vallée du Rhône, de prendre en tenaille l'armée allemande et de faire la jonction avec les troupes de Normandie. Les Britanniques auraient voulu faire porter l'effort sur le front italien et pousser vers les Balkans pour arriver plus vite à Berlin. Mais la stratégie américaine l'a emporté.

LES PRÉPARATIFS

D'abord quelques commandos débarqués dans les îles du Levant et au Cap Nègre ; puis 5 000 parachutistes ayant pour mission de barrer l'accès aux zones de débarquement, avec l'appui des Forces françaises de l'intérieur ; enfin, un bombardement aérien et naval des batteries allemandes. Après tous ces préparatifs, le débarquement proprement dit peut commencer, au petit matin, le 15 août 1944, entre Cavalaire et Saint-Raphaël.

TOULON ET MARSEILLE

Alors que les Américains remontent les vallées de la Durance et du Rhône, les Français libèrent en cinq jours les deux villes portuaires de Toulon et Marseille.

Figure importante du débarquement de Provence : le général de Lattre de Tassigny. À la tête de ce qui s'appelle encore l'Armée B – la future Première Armée française –, il libère Marseille et Toulon, puis Lyon et Colmar, avant d'être le représentant de la France lors de la capitulation allemande, le 8 mai 1945, à Berlin.

19 août 1944

Le début de l'insurrection parisienne

FRANCE / LIBÉRATION

SANS ATTENDRE LES ALLIÉS, PARIS SE SOULÈVE POUR SE LIBÉRER DU JOUG ALLEMAND.

Alors que les troupes alliées débarquées en Normandie progressent rapidement vers Paris, le peuple parisien se soulève : les cheminots sont les premiers à se mettre en grève le 10 août. Le 18 août, c'est la grève générale. Paris se couvre d'affiches appelant le peuple à s'insurger.

UN ENJEU CRUCIAL

L'insurrection n'est pas sans risques. Celle de Varsovie, commencée le 1er août, a provoqué une répression sanglante. Mais l'enjeu est de taille : les Anglo-Américains prévoient de mettre en place un gouvernement militaire d'occupation, il est crucial de prouver l'importance de la Résistance pour asseoir la légitimité du Gouvernement provisoire de la République française et du général de Gaulle !

LES BARRICADES

Le 19 août, les barricades fleurissent, les escarmouches se multiplient, les tireurs s'embusquent dans Paris. Sur l'île de la Cité, les insurgés hissent le drapeau tricolore en haut de la Préfecture de police. Le soulèvement est coordonné par le chef des FFI, le colonel Rol-Tanguy, qui a installé son quartier général dans les catacombes, place Denfert-Rochereau.

Hitler aurait ordonné au général von Choltitz, commandant du Gross Paris, de détruire tous les ponts et les monuments et de résister jusqu'au dernier homme pour faire de Paris un Stalingrad de l'ouest. Si tant est qu'ils aient été réellement donnés, ces ordres n'ont pas été exécutés.

23 août 1944
Le camp d'Auschwitz photographié

EUROPE / SHOAH

DÈS 1944, LES ALLIÉS DISPOSENT DE PHOTOGRAPHIES D'AUSCHWITZ.

Sur cette photo aérienne prise par la Royal Air Force le 23 août au matin, on voit l'immense quadrillage du camp d'Auschwitz, avec son terminal ferroviaire, et un gros nuage de fumée qui provient des bûchers à ciel ouvert.

DES MISSIONS DE RECONNAISSANCE

Cette photo n'est pas la première qui parvient aux Alliés. D'autres ont été prises par des avions de reconnaissance qui survolent l'Allemagne à partir de 1943 et s'intéressent à des objectifs stratégiques comme le complexe chimique d'IG Farben installé à proximité du camp. Des photos de l'intérieur d'un crématoire avaient été prises, en ce mois d'août 1944, par un jeune juif grec, qui avait réussi à les faire passer à la Résistance polonaise.

D'AUTRES PRIORITÉS

Les Alliés disposaient d'un certain nombre d'indices sur l'entreprise d'extermination lancée par les nazis, qui venaient s'ajouter à des témoignages de quelques détenus ayant réussi à s'échapper. Mais ils n'ont pas pilonné les voies ferrées pour empêcher les déportations : méfiants, craignant la propagande, ils avaient surtout comme priorité de terminer la guerre, en détruisant les objectifs stratégiques.

Les photos n'ont pour la plupart été vraiment analysées qu'à la fin des années 1970. Mais dès la guerre, les Alliés avaient étudié l'immensité du site, compté le nombre de voies ferrées : ils en avaient conclu qu'une ville de 1,5 million d'habitants était en construction.

25 août 1944
La libération de Paris

FRANCE / LIBÉRATION

LA 2^E^ DB DU GÉNÉRAL LECLERC ACHÈVE DE LIBÉRER PARIS, DÉJÀ LARGEMENT AUX MAINS DES INSURGÉS.

Le 25 août au matin, la 2e Division blindée du général Leclerc entre dans Paris. Arrivés par la porte d'Orléans, la porte d'Italie et la porte d'Ivry, les chars remontent vers le centre, réduisant une à une les poches de résistance allemande. Vers 14 h 30, à la préfecture de police, le général Von Choltitz, commandant des forces allemandes de Paris, signera la capitulation.

UNE INTERVENTION *IN EXTREMIS*

Les Anglo-Américains n'avaient pas prévu de libérer Paris. Ils pensaient la contourner, pour ne pas perdre de temps et avancer au plus vite vers l'Allemagne. Mais le général Leclerc, avec l'aval de de Gaulle, lance sa 2e division blindée sur Paris pour venir en aide aux insurgés. Eisenhower, mis devant le fait accompli, se résout à envoyer une division d'infanterie en appui.

L'ENTRÉE DU GÉNÉRAL DE GAULLE

Le général de Gaulle entre dans Paris en fin d'après-midi. À l'Hôtel de ville, il prononce un discours devenu fameux : *« Paris outragé ! Paris brisé ! Paris martyrisé ! Mais Paris libéré ! »* Le lendemain, le 26 août, les troupes alliées défilent sur les Champs-Élysées, devant une foule en liesse.

La capitulation allemande a été contre-signée par le général Leclerc et par le colonel Rol-Tanguy, chef des FFI. De Gaulle appréciera peu cette mise en avant d'un représentant de la Résistance intérieure.

12 janvier 1945
L'offensive soviétique sur l'Allemagne

EUROPE / VIE MILITAIRE

ALORS QUE LES OCCIDENTAUX SONT BLOQUÉS EN ALSACE, LES SOVIÉTIQUES LANCENT UNE VASTE OFFENSIVE SUR L'EST DU REICH.

En début d'année, les Soviétiques ont repoussé les Allemands hors de leurs frontières : depuis l'échec de l'opération Zitadell, sur Koursk – dernière tentative pour reprendre l'initiative après la défaite de Stalingrad en février 1943 –, les forces allemandes battent en retraite. Mais l'Armée rouge n'occupe encore qu'une toute petite partie de l'Est du Reich.

UNE OPÉRATION AVANCÉE

Staline lance alors une vaste offensive, de la Baltique aux Carpates. L'opération, prévue pour le 20 janvier, est finalement avancée d'une semaine : la situation sur le front de l'Ouest est critique, les Anglo-Américains sont en difficulté en Alsace et Churchill réclame à Staline le déclenchement d'une offensive qui permettrait de détourner une partie des forces nazies.

UNE AVANCÉE FOUDROYANTE

En dix jours, l'essentiel de la Pologne d'avant-guerre a été reconquis. L'Armée rouge libère Varsovie et les camps d'extermination, notamment Auschwitz. Le 22 janvier, elle est arrivée à l'Oder, le fleuve qui marquera, après la guerre, la nouvelle frontière germano-polonaise.

Le 17 janvier, l'Armée rouge entre dans une Varsovie en ruines, éprouvée par l'écrasement de l'insurrection du ghetto, en 1943, puis du soulèvement de la Résistance polonaise entre août et septembre 1944. La capitale polonaise compte dix fois moins d'habitants qu'en 1939.

27 janvier 1945
La libération du camp d'Auschwitz

ALLEMAGNE / VIE MILITAIRE

FIN JANVIER 1945, AU HASARD DE L'AVANCÉE DU FRONT, L'ARMÉE ROUGE DÉCOUVRE LE PLUS GRAND CAMP D'EXTERMINATION CONÇU PAR LES NAZIS.

Ce sont les Soviétiques qui libérèrent les premiers camps, sur le territoire de l'ancienne Pologne qui avait été annexée au Reich en 1939 : d'abord Maidanek, le 24 juillet 1944, puis Belzec, Sobibor, Treblinka et, le 27 janvier 1945, Auschwitz.

LES CRÉMATOIRES DYNAMITÉS

Ils découvrent les trois camps d'Auschwitz avec leurs barbelés et leurs miradors, les entrepôts, les crématoires et les chambres à gaz, qui ont été dynamités par les nazis à la fin 1944 pour effacer les traces de leurs crimes.

7 000 DÉTENUS

Des quelque 70 000 détenus présents lors du dernier appel le 17 janvier 1945, il n'en reste que 7 000 – décharnés, dans leur uniforme de prisonniers. Devant l'avancée de l'Armée rouge, le camp a été évacué : les déportés ont été jetés sur les routes, vers l'ouest, dans d'interminables « marches de la mort ». Seuls sont restés les plus faibles, les malades et ceux qui ont réussi à se cacher. Parmi eux, le futur écrivain Primo Levi, hospitalisé à la suite d'une scarlatine.

Les Soviétiques, dans un premier temps, ne dirent rien de la découverte d'Auschwitz, sans doute à cause des camps du Goulag qui n'étaient pas sans similitudes avec les camps nazis. Craignant d'être devancés par la propagande allemande, ils réalisent au printemps 1945 un film de propagande : devant les caméras, on demande aux déportés de jouer la joie de leur libération...

11 février 1945
La clôture de la conférence de Yalta

MONDE / VIE MILITAIRE

LA CONFÉRENCE DE YALTA VISE À TERMINER LA GUERRE ET À POSER LES BASES D'UN MONDE NOUVEAU.

Yalta est restée dans l'Histoire – ou plutôt dans la légende – comme la conférence où s'est décidé « le partage de l'Europe ». En réalité, l'influence respective des Alliés en Europe avait été fixée quelques mois auparavant à la conférence de Moscou, le 9 octobre 1944 : l'accord prévoyait, dans les différents pays d'Europe centrale et orientale, le « taux d'influence » réservé à chacun.

TERMINER LA GUERRE

À Yalta, au bord de la mer Noire, en Crimée, Staline, Churchill et Roosevelt s'accordent sur la division de l'Allemagne en trois zones d'occupation et sur les changements de frontières de la Pologne, déplacée vers l'Ouest. L'Union soviétique s'engage à entrer en guerre contre le Japon dans les trois mois suivant la défaite de l'Allemagne, en échange de gains territoriaux en Extrême-Orient.

L'EUROPE LIBÉRÉE

Dernière décision et non des moindres : les trois grands rédigent une « déclaration sur l'Europe libérée ». Tous les pays libérés du joug allemand devront procéder à des élections libres et démocratiques. Un engagement qui ne sera pas respecté par l'URSS et qui conduira à la Guerre froide.

Peu après la conférence de Yalta, la France, appuyée par Churchill, obtient elle aussi une zone d'occupation en Allemagne. Le pays sera donc divisé en quatre, et non en trois.

13 février 1945

Le bombardement de Dresde

ALLEMAGNE / VIE MILITAIRE

LA DESTRUCTION DE DRESDE, VILLE DE L'ELBE SANS IMPORTANCE STRATÉGIQUE, RESTERA L'UN DES BOMBARDEMENTS LES PLUS CONTESTÉS.

Était-ce un moyen pour les Anglo-Américains de pousser le rapport de force à leur avantage, quelques jours après la clôture de la conférence de Yalta entre les trois Grands ? De briser définitivement le moral de la population civile allemande, avec un nouveau bombardement, après tous ceux qui avaient frappé les autres villes allemandes ?

DÉTRUIRE UN NŒUD DE COMMUNICATION

De façon plus immédiate, les Alliés ont observé de nombreux mouvements de trains dans la gare de triage de Dresde et ont voulu empêcher, en pilonnant la ville, d'importants transferts de troupes allemandes vers le front de l'Est. Cela s'avérera en réalité une erreur d'interprétation : les trains ne transportaient que des réfugiés fuyant devant l'avancée de l'Armée rouge…

UNE VILLE À LA MERCI DES ALLIÉS

Les bombardements atteignent leur paroxysme dans la nuit du 13 au 14 février. Privée de ses canons anti-aériens qui avaient été transférés sur le front, la ville de Dresde est rapidement réduite en cendres. Les bombes explosives et incendiaires font 25 000 morts.

Le bombardement de Dresde, ville d'art et de culture surnommée « la Florence de l'Elbe », qui n'avait guère d'importance stratégique, choqua profondément l'opinion publique allemande. L'attaque paraissait d'autant plus gratuite que son fort avait été épargné…

24 mars 1945
Les Alliés franchissent le Rhin

EUROPE / VIE MILITAIRE

APRÈS AVOIR LIBÉRÉ LA FRANCE, LA BELGIQUE ET LES PAYS-BAS, LES ALLIÉS PÉNÈTRENT SUR LE SOL ALLEMAND.

Date éminemment symbolique que le 24 mars 1945 : ce jour-là, Churchill franchit le Rhin, à Remagen, au sud de Bonn, à bord d'un engin de débarquement. Les troupes anglo-américaines pénètrent en Allemagne et établissent en quelques jours une solide tête-de-pont sur la rive orientale. La voie est ouverte vers la riche région industrielle de la Ruhr.

LA RÉSISTANCE ALLEMANDE

Le franchissement du Rhin a un peu tardé. À la mi-septembre 1944, presque toute la France et la Belgique étaient déjà libérées, faisant espérer aux Alliés une fin de conflit rapide. Mais ils se heurtent alors à une résistance farouche des troupes allemandes. Les commandants des places fortes du Reich ont reçu l'ordre de tenir jusqu'au bout. Face aux offensives alliées aux Pays-Bas, Hitler lance à Noël une contre-attaque dans les Ardennes, puis, fort de ce premier succès, une offensive en Alsace le 1er janvier 1945.

L'AIDE SOVIÉTIQUE

L'offensive lancée par Staline le 12 janvier oblige les Allemands à transférer une partie de leurs troupes vers l'Est, à revenir à une stratégie défensive et permet la percée des Anglo-Américains.

Le général de Gaulle et le général de Lattre de Tassigny ne sont pas prêts à laisser les Anglo-Américains traverser seuls le Rhin. L'armée française le franchit à son tour le 31 mars, pour participer elle aussi à l'invasion de l'Allemagne.

11 avril 1945
L'ouverture du camp de Buchenwald

Allemagne / Vie militaire

De nombreux camps de concentration allemands ont été libérés, au mois d'avril et mai 1945, par les troupes américaines et anglaises.

Quelques jours après avoir découvert un premier camp de concentration à Ohrdruf, les Américains arrivent le 11 avril 1945 à Buchenwald, situé à 5 km de la ville de Weimar. Là ils découvrent toute la réalité du système concentrationnaire mis en place par les nazis : le camp est en l'état, avec ses baraques, ses laboratoires pour les expérimentations médicales, ses détenus – environ 20 000 – épuisés par le travail forcé et les monceaux de cadavres, entassés en plein air.

Un camp contrôlé par les détenus

Ls SS ont tenté d'évacuer le camp mais les détenus, organisés dans un Comité international clandestin, ont réussi à limiter les départs. Quelques heures avant l'arrivée des Américains, ils prennent le contrôle du camp.

L'horreur du système rendue publique

Les Américains tiennent à donner à la découverte des camps un maximum de publicité. Ils imposent aux habitants de Weimar de visiter le camp et de participer à l'enfouissement des cadavres.

Parmi les photographes présents à Buchenwald, il y a Lee Miller, correspondante de guerre au sein de l'armée américaine pour le magazine Vogue *depuis le débarquement de Normandie en 1944. Elle prend notamment en photo des gardiens du camp criant merci. On lui doit aussi de nombreuses photos de Dachau, libéré le 29 avril.*

24 avril 1945
L'assaut sur Berlin

Allemagne / Vie militaire

Il faudra aux Soviétiques une semaine pour venir à bout des dernières poches de résistance et prendre le contrôle de Berlin.

La conférence de Yalta l'avait établi : Berlin ferait partie de la zone d'occupation soviétique. Les Anglo-Américains laissent donc à l'URSS le soin de prendre le contrôle de la capitale allemande.

Des bombardements massifs

Berlin est encerclée et les Soviétiques entrent dans Berlin le 24 avril 1945. L'idée est de réduire progressivement la résistance grâce à l'artillerie, massivement rassemblée tout autour de la ville, et aux bombardements aériens. Dès le 26 avril, ils s'emparent de l'aéroport de Templehof, privant ainsi les Allemands de l'appui de la Luftwaffe. Dans la ville, le métro a été inondé sur ordre d'Hitler pour éviter qu'il facilite la progression de l'ennemi.

Dernier bastion : le Reichstag

Le Parlement allemand sera le dernier camp retranché. Défendu âprement par les dernières unités allemandes, il tombe le 30 avril au soir : le drapeau soviétique, orné de la faucille et du marteau, est hissé sur le toit du bâtiment. La ville est un immense tas de gravats.

La célèbre photo qui montre deux soldats soviétiques en train de planter le drapeau rouge sur le toit du Reichstag est en réalité une reconstitution, le lendemain des événements. Le cliché a par ailleurs été retouché pour faire disparaître les deux montres visibles au poignet de l'un des soldats, preuve gênante des pillages auxquels se livrait l'Armée rouge.

25 avril 1945
La jonction sur l'Elbe

ALLEMAGNE / VIE MILITAIRE

OPÉRATION SYMBOLIQUE ET STRATÉGIQUE : LES TROUPES AMÉRICAINES ET SOVIÉTIQUES OPÈRENT LEUR JONCTION DANS L'EST DE L'ALLEMAGNE.

C'est à Torgau, sur l'Elbe, au nord-est de Leipzig, à une centaine de kilomètres de Berlin, que la 1re armée américaine et la 5e garde soviétique opèrent leur jonction, le 25 avril 1945.

UNE JONCTION STRATÉGIQUE

Déjà prise en tenailles par les troupes alliées qui progressaient depuis l'Ouest et l'Est, l'armée allemande est désormais coupée en deux, au Nord et au Sud du point de jonction.

LA LIMITE DE L'ELBE

Le choix du lieu n'est pas un hasard. Lors de la conférence de Yalta, en février 1945, les Alliés s'étaient mis d'accord sur le découpage de l'Allemagne vaincue en trois zones d'occupation : Berlin ferait partie de la zone soviétique. Pour les Américains, il s'agit de ne pas devancer les Soviétiques. Eisenhower, commandant suprême des Alliés, est contraint de freiner l'avance de ses troupes, qui progressent à grande vitesse à travers l'Allemagne : elles ont franchi le Rhin le 24 mars 1945 et dès le 11 avril 1945, elles atteignent l'Elbe, au niveau de Magdebourg. La première jonction à Torgau sera suivie d'une seconde, à Wismar, le 3 mai.

Le lendemain de la jonction, devant les photographes, le sous-lieutenant américain William Robertson et le lieutenant soviétique Alexander Silvashko se serrent la main pour symboliser la jonction américano-soviétique et marquer ce « jour de l'Elbe ».

30 avril 1945
Le suicide d'Hitler

ALLEMAGNE / POLITIQUE

SENTANT LA FIN PROCHE, HITLER DÉCIDE DE SE SUICIDER. SON CADAVRE SERA INCINÉRÉ.

La mort d'Hitler a fait couler beaucoup d'encre. Les rumeurs les plus folles ont couru sur son sort : qu'il se serait enfui et se cacherait au Japon, en Argentine ou en Espagne.

ÉVITER LE SORT DE MUSSOLINI

C'est que son corps n'a jamais pu être identifié de façon certaine. Hitler avait souhaité que son cadavre soit incinéré, pour éviter les profanations subies par la dépouille de Mussolini : les corps du Duce italien et de sa maîtresse – fusillés deux jours plus tôt, le 28 avril – avaient été transportés à Milan, pendus par les pieds et exposés aux crachats.

UNE BALLE DANS LA TÊTE

Le 30 avril, alors que les combats font rage dans Berlin et que les Soviétiques gagnent du terrain, Hitler met fin à ses jours, sans doute d'une balle dans la tête. Eva Braun, sa maîtresse, qu'il a épousée la veille, avale une capsule de cyanure. Leurs corps sont transportés à l'entrée du bunker dans le jardin de la Chancellerie, aspergés d'essence et incinérés.
Le 1er mai, un communiqué apprend à la population allemande qu'Hitler est mort au combat. Joseph Goebbels, ministre de la Propagande, se suicide avec sa femme et ses six enfants, et l'amiral Dönitz devient chef de l'État et président du Reich.

Le Führerbunker où Hitler finit ses jours avait été construit en 1943, à 8 mètres sous terre, dans le jardin de la Chancellerie du Reich, comme extension à un premier bunker datant de 1936. Hitler y avait pris ses quartiers en janvier 1945.

7 mai 1945

La capitulation allemande à Reims

EUROPE / VIE MILITAIRE

PREMIER ACTE DE LA CAPITULATION ALLEMANDE : LE 7 MAI, À REIMS. LE SECOND ACTE SE JOUERA LE LENDEMAIN À BERLIN.

Reims, QG des forces alliées du général Dwight Eisenhower, 2h41 du matin, le 7 mai 1945 : l'Allemagne signe une capitulation sans conditions. Elle a été demandée par l'amiral Dönitz, devenu le 1er mai, chef de l'État et président du Reich.

UNE CAPITULATION GLOBALE

Dönitz avait essayé dans un premier temps de négocier une capitulation partielle, face aux Occidentaux, afin de poursuivre le combat contre l'URSS. Dès le 5 mai, les armées de l'Ouest s'étaient rendues au général Montgomery. Mais les Alliés se montrent intraitables : il n'y aura pas de paix séparée, la capitulation doit être globale et inconditionnelle.

DERNIÈRES MANŒUVRES

Dans les derniers jours qui précèdent la reddition, l'amiral Dönitz s'emploie à transférer le maximum de troupes sur le front Ouest, pour qu'elles tombent entre les mains des Anglo-Saxons plutôt que des Soviétiques, et à évacuer les réfugiés allemands qui fuient devant l'avancée de l'Armée rouge. Le 7 mai 1945, l'Allemagne reconnaît sa défaite.

Simplement dactylographiée, sans ruban ni sceau à la cire, longue de deux pages à peine, la capitulation comprend trois signatures principales : celles du général allemand Alfred Jodl, du général américain Walter Bedell-Smith et du général soviétique Ivan Sousloparov. Le général français François Sevez, chef d'état-major du général de Gaulle, est invité à la contresigner en qualité de simple témoin.

8 mai 1945
Fin des combats

EUROPE / VIE MILITAIRE

LES COMBATS CESSENT EN EUROPE LE 8 MAI 1945, À LA SUITE DE LA CAPITULATION ALLEMANDE.

L'Allemagne avait signé la capitulation la veille, à Reims. Staline exige une deuxième capitulation, au cœur du IIIe Reich, à Berlin, « centre d'où est partie l'agression fasciste » et surtout, dans la zone occupée par l'Armée rouge : il s'agit pour les Soviétiques de peser de tout leur poids dans le rapport de force qui est en train de s'établir entre les Alliés.

L'ACTE FINAL

Une seconde reddition est donc signée le 8 mai au sein du quartier général du maréchal Joukov, dans la banlieue est de Berlin, peu de temps avant minuit. Le deuxième texte diffère très peu de celui qui a été signé à Reims. Il est signé cette fois-ci par les deux représentants des commandants suprêmes – le maréchal Joukov et le maréchal de l'air Tedder –, et contresigné par le général Spaatz au nom des États-Unis et le général De Lattre de Tassigny au nom de la France.
L'acte de Reims était en quelque sorte un protocole provisoire ; le texte de Berlin est considéré comme l'acte final de la capitulation allemande.

Avant même que les hostilités ne cessent officiellement à 23 h 01, heure d'Europe centrale, le général de Gaulle, le premier ministre britannique Churchill et le président américain Truman ont annoncé la victoire, simultanément, à la radio, à 15 h, provoquant des manifestations de joie dans les rues. Les Soviétiques attendront eux le 9 mai pour célébrer la fin de la guerre.

26 juin 1945
La signature de la charte de San Francisco

MONDE / DIPLOMATIE

LA CHARTE DE SAN FRANCISCO MARQUE LA NAISSANCE DE L'ORGANISATION DES NATIONS UNIES.

L'idée d'une organisation internationale qui permette de maintenir la paix n'était pas nouvelle : la Société des nations (SDN) avait été créée en 1919 et n'avait pas su empêcher la Seconde Guerre mondiale. Il s'agissait de tirer les leçons du passé.

LE MAINTIEN DE LA PAIX

La charte signée à San Francisco le 26 juin 1945, reprenant des principes énoncés dans la Charte de l'Atlantique, à la conférence de Dumbarton Oaks et à celle de Yalta, présente les objectifs de l'organisation : assurer la paix et la liberté, garantir la défense des droits de l'homme et favoriser le progrès économique et social.

UNE ARMÉE ET UN CONSEIL DE SÉCURITÉ

L'Organisation des Nations unies disposera, à la différence de la SDN, d'une force armée, fournie par les États membres volontaires. Elle comprendra deux organes principaux : l'assemblée générale, qui émet des « recommandations » et le Conseil de sécurité, qui prend, lui, des « résolutions ». Les cinq vainqueurs de la guerre – États-Unis, URSS, Chine, Grande-Bretagne et France – sont membres permanents du Conseil de sécurité et disposent chacun d'un droit de veto.

Débutée le 25 avril 1945, la conférence de San Francisco réunit 850 délégués, de 50 États. La Pologne, qui n'a pas pu être représentée, fera malgré tout partie des 51 États membres originels.

23 juillet 1945
L'ouverture du procès Pétain

FRANCE / COLLABORATION

LE MARÉCHAL PÉTAIN, JUGÉ POUR INTELLIGENCE AVEC L'ENNEMI ET HAUTE TRAHISON, EST CONDAMNÉ À MORT EN AOÛT 1945.

Le 23 juillet s'ouvre le procès du maréchal Pétain. Il est jugé par la Haute Cour de justice, créée en novembre 1944. Les chefs d'accusation : intelligence avec l'ennemi et haute trahison. Depuis le mois d'avril 1945, l'ancien chef de « l'État français » était interné au fort de Montrouge. Il était rentré à sa demande en France, après avoir été emmené par les autorités allemandes en Allemagne fin août 1944.

INDIGNITÉ NATIONALE

Le jugement de la Haute Cour de justice est rendu le 15 août 1945 : frappé d'indignité nationale, Pétain est déchu de son titre de maréchal de France – il est dépouillé de son uniforme à la fin de son procès –, condamné à la confiscation de ses biens et à la peine de mort. Usant de la grâce présidentielle, le général de Gaulle commue la peine de ce vieil homme de 89 ans en détention à perpétuité.

DÉTENTION À VIE

Emprisonné dans un premier temps dans les Pyrénées, Pétain est transféré en novembre 1945 sur L'Île-d'Yeu. Du fait de la dégradation de son état de santé, il finit ses jours dans une résidence privée, en 1951.

Le premier jour de son procès, Pétain déclare avoir toujours été un allié caché du général de Gaulle. S'estimant responsable uniquement devant la France et les Français et non devant la Haute Cour de justice, il décide de garder le silence pendant toute la suite du procès.

26 juillet 1945
La clôture de la conférence de Potsdam

Monde / Diplomatie

Alors que la guerre est terminée en Europe mais continue en Asie, les Alliés tiennent une nouvelle conférence.

Lors de la conférence de Potsdam, ville située à l'ouest de Berlin, il s'agit de préciser un certain nombre de points laissés flous lors des conférences inter-alliées précédentes, notamment à Yalta.

Le sort des vaincus

En cette fin du mois de juillet 1945, la guerre a pris fin en Europe depuis la capitulation allemande, signée le 8 mai 1945. Mais il reste à fixer le sort des vaincus, et notamment de l'Allemagne. Elle est soumise aux quatre « D » : Démilitarisation, Dénazification, Démocratisation et Décartellisation – visant les grands groupes industriels qui ont participé à la guerre. Elle est amputée de tout l'Est de son territoire, annexé par la Pologne qui perd elle aussi certaines régions, au profit de l'URSS. Les Alliés procèdent à la délimitation des quatre zones d'occupation en Allemagne et à Berlin.

L'ultimatum lancé au Japon

À la fin de la conférence, les États-Unis, la Grande-Bretagne et la Chine lancent un ultimatum au Japon, sommé de se rendre sans condition. Le refus de l'empereur Hiro-Hito de se plier à cet ultimatum conduira aux deux bombes atomiques d'Hiroshima et Nagasaki.

Si la conférence de Potsdam réunit une fois de plus les trois Grands (États-Unis, Grande-Bretagne et URSS), les États-Unis sont représentés par Harry Truman, qui est devenu président le 12 avril 1945, à la mort de Franklin Roosevelt.

6 août 1945
Le bombardement d'Hiroshima

ASIE / VIE MILITAIRE

PREMIÈRE BOMBE ATOMIQUE DE L'HISTOIRE DE L'HUMANITÉ, LA BOMBE LARGUÉE SUR HIROSHIMA NE SERA POURTANT PAS LA DERNIÈRE.

« La civilisation mécanique vient de parvenir à son dernier degré de sauvagerie », écrit Albert Camus dans l'éditorial de *Combat* le 8 août 1944. Deux jours plus tôt, la ville d'Hiroshima a été détruite par la bombe atomique mise au point par les Américains. Selon les estimations, entre 70 et 140 000 personnes furent tuées par l'explosion, la chaleur et les incendies – sans compter les victimes des radiations consécutives à l'explosion.

LE CHOIX D'HIROSHIMA

Le choix d'Hiroshima n'a pas été fait par hasard. La ville avait jusque-là été largement épargnée par les bombardements conventionnels américains : on pourrait donc mieux mesurer l'impact.

PRENDRE DE VITESSE LES SOVIÉTIQUES

L'objectif est de frapper fort pour venir à bout de la résistance acharnée des Japonais, qui préfèrent se sacrifier dans des raids suicides (kamikazes) plutôt que de se rendre, et de prendre de vitesse leurs alliés soviétiques, qui s'apprêtent à entrer en guerre contre le Japon. Le 26 juillet, les Japonais avaient reçu un ultimatum : s'ils ne capitulaient pas, ils subiraient une « grave et rapide destruction ».

C'est en 1942 que commence le projet de fabrication de la bombe nucléaire, connu sous le nom de code « Manhattan ». À l'origine de ce projet, une lettre d'Einstein au président Roosevelt, en 1939 : l'Allemagne avait déjà commencé des recherches du même type.

8 août 1945
L'URSS déclare la guerre au Japon

ASIE / VIE MILITAIRE

À YALTA, EN FÉVRIER, L'URSS S'ÉTAIT ENGAGÉE À ENTRER EN GUERRE CONTRE LE JAPON DANS LES TROIS MOIS QUI SUIVRAIENT LA DÉFAITE ALLEMANDE.

Dès le 2 avril 1945, le pacte de neutralité soviéto-japonais datant de 1941 est abrogé, et à partir du 8 mai, des troupes soviétiques sont transférées en Extrême-Orient.

Des pourparlers

À la suite de l'ultimatum lancé à Potsdam, exigeant une capitulation sans conditions, l'URSS joue les médiateurs : elle entame des pourparlers avec le Japon, qui cherche à obtenir une reddition conditionnelle, comprenant le désarmement des troupes et le jugement des criminels par les autorités japonaises, l'absence d'occupation du sol japonais et la préservation du régime impérial.

L'invasion de la Mandchourie

Devant l'échec des négociations, l'URSS déclare la guerre au Japon le 8 août, soit deux jours après le bombardement d'Hiroshima. Dès le lendemain, l'Armée rouge envahit la Mandchourie, la Mongolie intérieure et le sud de l'île de Sakhaline, débarque aussi en Corée, occupée par les Japonais depuis 1910. Après le 15 août et l'annonce, par l'empereur Hiro-Hito, de la capitulation du Japon, les troupes progressent encore. Il faudra attendre le 20 août pour que le cessez-le-feu soit proclamé.

Au moins 500 000 Japonais furent faits prisonniers par les Soviétiques, pendant ces quelques jours de combat et au moment de la reddition. Ils furent internés dans des camps de travail.

9 août 1945
Le bombardement de Nagasaki

ASIE / VIE MILITAIRE

C'EST LA BOMBE LARGUÉE SUR NAGASAKI QUI CONDUIRA FINALEMENT LE JAPON À LA CAPITULATION ET METTRA FIN À LA SECONDE GUERRE MONDIALE DANS LE PACIFIQUE.

Une bombe atomique n'avait pas suffi. Même après Hiroshima, les Japonais refusaient toujours de capituler. Les Américains lancèrent donc un nouvel ultimatum et déversèrent par avion, le 8 août, de nombreux tracts appelant la population à se soulever pour renverser le régime et éviter une nouvelle catastrophe. Sans succès.

NAGASAKI : UN DEUXIÈME CHOIX

Le 9 août, les Américains s'apprêtent donc à larguer une deuxième bombe. La cible cette fois-ci : Kokura, ou, deuxième possibilité, Nagasaki, l'un des plus grands ports, pivot du complexe militaro-industriel japonais.

LA BOMBE « FAT MAN »

Impossible de bombarder Kokura : la couverture nuageuse est trop épaisse. À 11 h, « Fat Man » est larguée sur Nagasaki, à la faveur d'une trouée dans les nuages. Plus puissante que la « Little Boy » d'Hiroshima, au plutonium et non à l'uranium, la bombe fera entre 60 et 80 000 victimes, sur une population totale de 250 000 personnes.

Les Américains préparaient une troisième bombe, au cas où les deux premières n'auraient pas été suffisantes. Ils n'auront finalement pas à l'utiliser.

2 septembre 1945
La capitulation japonaise

PACIFIQUE / VIE MILITAIRE

LE JAPON SIGNE LES ACTES DE CAPITULATION À TOKYO, METTANT DÉFINITIVEMENT FIN À LA SECONDE GUERRE MONDIALE, TERMINÉE EN EUROPE DEPUIS LE 8 MAI 1945.

Dès la nuit du 9 au 10 août, le jour du bombardement de la ville Nagasaki, l'empereur Hiro-Hito avait annoncé son intention de se rendre à l'ultimatum de Potsdam et de capituler, à condition de rester chef de l'État japonais. Le 15 août, dans un discours radiodiffusé, l'empereur annonce à ses sujets la défaite du Japon, mais à mots couverts, avec force euphémismes et périphrases.

LA PRUDENCE AMÉRICAINE

Pourtant, il faudra attendre le 2 septembre pour que la capitulation soit bel et bien signée, dans la baie de Tokyo, sur le cuirassé américain *Missouri*. Les Américains souhaitaient en effet ne pas prendre de risques et réunir d'abord une force navale suffisamment importante pour pouvoir contrôler le pays.

LE REFUS DE LA DÉFAITE

Beaucoup de Japonais n'avaient pas voulu croire le message de l'empereur, d'autres eurent tellement honte qu'ils décidèrent de se suicider – se faisant hara-kiri – devant le palais impérial. Certaines unités japonaises continuèrent à se battre malgré tout. La reddition des forces occupant Singapour aura lieu le 12 septembre et à Hong Kong le 15 septembre seulement.

L'empereur Hiro-Hito a fait le choix du parti de la paix, contre l'avis des militaires jusqu'au-boutistes, qui refusaient la reddition et la perspective d'une occupation du pays. Certains tentent même de l'enlever dans la nuit du 14 au 15 août.

EDITIONS ESI

60, rue Vitruve, 75020 Paris

Imprimé en République Tchèque par Finidr
© Éditions ESI - Dépôt légal : mars 2011 - Achevé d'imprimer : février 2011
ISBN : 978-2-35355-685-4 - N° Sofédis : S461376